中華文化思想叢書

晚清媒介技術發展與傳媒制度變遷

上冊

陳鋼 著

目次

序

　　科學技術對傳媒的發展具有極大的推動作用，似乎沒有人提出質疑，如人類在有了基本的生產工具後，就出現了刻畫文字和圖畫，而當人類有了造紙技術後便有了書籍等平面媒體。因此也可以說，媒體發展史其實也是一部科技發展史。但技術的發展能不能武裝傳媒也不一定。我國是世界上最早發明活字印刷的，但活字印刷使用最早的是西方，或比中國早百年以上。為什麼？專制主義和統治階級是害怕傳播發展的，是害怕傳媒成為自由之物的。

　　二十世紀是世界新聞傳播技術發展最快的一百年，人類從延續了幾千年的傳統文明走向現代的工業文明，人類獲得的傳播權利比過去幾千年總和還要多。尤其是中國。

　　二十一世紀則是人類傳播史上最輝煌的時代以電腦技術和通訊技術為基礎的互聯網技術給了人類全新傳播手段，從而給了人類全新的傳播觀念，傳播的壟斷時代即將過去，人類真正可以「日窮萬卷」、「天涯若比鄰」。更重要的是，新的傳播手段賦予了人類新的能力——自由的傳播和文明的實現。尤其是中國。

　　在我們享受科學技術發展的成果，憧憬未來的時候，我們也沒有忘記傳播哪裏來，傳播哪裏去，人類為了傳播的努力，以及傳播給人類帶來的不愉快與焦慮。我們有更多的研究命題。

　　陳鋼博士《晚清媒介技術發展與傳媒制度變遷》一書從媒介技術發展的視角考察晚清媒介技術發展對傳媒制度變遷可能產生的影響，闡釋媒介新技術如何重塑人類傳播行為，影響傳媒制度的生產和供

應，並對傳媒制度又如何反作用於傳媒新技術的發展做了較為深入的探討。這一探索是新鮮的和有創新意義的。

　　陳鋼博士是一位勤奮好學、學風踏實的年輕學者，他作為我的博士，在攻讀博士學位的三年時間裏給我留下深刻的印象：布置給他的研究任務，他總是不聲不響地去做，遇到困難也儘量自己去解決。而他找你最多的是他對問題的新想法或不同看法。因此我曾對他講他適合做研究工作。

　　在陳鋼博士的專著要出版的時候，他要我為他的著作寫序，我就寫了以上的文字，讓我們共勉。我也期待陳鋼博士更多的成果問世。

戴元光

緒論
晚清媒介技術發展與傳媒制度變遷的研究淵源

　　本書的研究動機源於亞當・斯密（Adam Smith）關於中國經濟的疑問和著名的李約瑟難題（the Needham Problem）。英國學者亞當・斯密在探討中國的經濟長期停滯不前的原因時，提出了一個值得思考的問題：「中國似乎長期處於靜止狀態，其財富也許在許久以前已完全達到該國法律制度所允許有的限度，但若易以其它法制，那麼該國土壤、氣候和位置所可允許的限度，可能比上述限度大得多。」[1]另一位英國學者李約瑟（Needham）在比較了中國和世界科學技術發展的歷史後提出了著名的「李約瑟難題」：中國在十五世紀之前的科學技術是領先於西方的，但為什麼近代科學技術的革命不是發生在中國而是在歐洲呢？

　　同樣值得思考的是：十五世紀恰恰是活字印刷術在西方得到快速發展的時期，那活字印刷術的發展和西方科學技術的興起這兩者之間是否有著必然的關聯？早在宋代我國就出現了活字印刷術——如果《夢溪筆談》的記載確鑿無誤的話[2]，可為何我國古代長期佔據主流

1　亞當・斯密撰，郭大力，王亞南譯：《國民財富的性質和原因的研究》（北京市：商務印書館，1972年），上冊，頁87。

2　不過需要指出的是，沈括對於畢昇的生平事蹟並沒有交代清楚，只說他是一介布衣，至於其籍貫等情況都不得而知。在中國目前已發現的記載中，凡是講到畢昇的，只不過重複或轉述沈氏原文。一些外國學者說他是一個鐵匠，比如一八四七年法國著名漢學家茹蓮把畢昇譯為法文 Forgeron（鐵匠），此後很多外國學者就照譯為 Smith 或 Blacksmith，連新版《大英百科全書》也將其譯為 Alchemmist（煉金術

的都是雕版印刷？但在晚清我國的媒介技術又為何能在短短時間內發生巨大變化？電報、電話、西方印刷技術等西方近代媒介技術是如何進入晚清中國的？它們興起與發展的經過如何？它們又是如何逐步替代舊的媒介技術的？這些新的媒介技術與傳統社會的關聯如何？它們對哪些社會觀念產生了影響？再往深處推，媒介技術的巨大發展對二十世紀初晚清政府一系列傳播法規的出臺是否產生了作用？推而廣之，對當時的整個傳媒制度是否產生了作用？如果產生了作用的話，這些作用是如何可能以及為何可能的？

以上這些問題，是思考晚清媒介技術發展與傳媒制度變遷之間勾連的底線，每一項均需深入思考也許才會獲得基本答案。然而，做這方面學術檢索的時候，竟未發現有對晚清時期社會媒介技術與傳媒制度的互動進行比較全面系統考察研究的成果，似乎不能不說是一種缺憾。這也進一步促發著筆者對這個問題的思考。

就學術研究而言，概念和術語的釐清對學術研究的有效性有著至關重要的作用。事實上，哲學社會科學中的許多長期糾纏不清的爭論，很多源於學者間對同一概念理解上的差異。各種概念並不簡單地反映「現實」或無意中命名物品，它們在一種特殊語境中建構現實以使之符合於各種特定的權力關係。

士）。其實這些外國學者也只是根據沈氏《夢溪筆談》有關內容所推斷而已，因為沈括說有一位老鍛工畢升，曾在皇宮中用鐵鍛鍊黃金，不過這位老鐵匠是否就是發明活字板的畢昇，尚待發現新的文獻進一步佐證。學者張秀民還進一步分析指出：第一，畢昇與畢升，音同字不同，到底是一個人，還是兩個人？第二，鐵匠畢升在真宗大中祥符年間（公元1008-1016年）已經年老，而畢昇的發明則在仁宗慶曆年間（公元1041-1048年），一個老人再活上幾十年，不是快近八九十歲或一百歲了嗎？這樣高壽的老翁，是否能發明活板，是值得懷疑的。張秀民先生還根據《夢溪筆談》中所記載的畢昇死後，其苦心發明的泥活字印為沈括的姪子輩所獲得這一點，推測畢昇與沈家或有親戚關係——沈括是杭州人，畢昇可能也是杭州一帶人。參見張秀民：《張秀民印刷史論文集》（北京市：印刷工業出版社，1988年），頁184-187。

　　一六一五年，英國的巴克爵士創造了 Technology[3] 一詞，表示技術原理和過程，既可以指人類發明的產品和人工製品，也可以表示創造這種產品所需的知識體系，還可以表示技術知識的產生過程以及技術產品的開發過程。美國學者埃弗雷特・M・羅傑斯（Everett M. Rogers）也認為：「即便一項技術的軟體成分通常不太容易被觀察到，我們也應記住技術通常是硬體和軟體方面的混合。」[4] 我國學者高亮華認為技術的內涵包括多個方面：技術知識、規則與概念；工程或其它的技術實踐，甚至包括對應用技術知識的特定職業態度、規範與假定；由這種技術實踐所生產或製造出來的物質工具、裝置與人造物；將技術人員與工藝建構到技術系統與體制中的組織活動；由技術所帶來的社會的技術狀況或特點等等。[5] 金周英則把技術分為「硬技術」與「軟技術」：「硬技術」即指傳統意義上的技術，是指人類為了達到生存和發展的目的，用以改造、適應（有些自然規律只能是適應）和控制自然的技藝、技巧、工具和規則，而且多是來自自然科學的操作性的知識體系。「軟技術」即來自社會科學等非自然科學，來自非（傳統）科學知識的操作性知識體系。[6] 綜合上述觀點，本書「媒介技術」這一概念中的「技術」一詞主要指可操作性的知識體系，是人類為了達到生存和持續發展的目的，用以改善、改造或適應自然界的各種技藝、工具、規則和方法。

3　技術概念的多重性還有另一個原因：歐美學者往往用不同的詞來表達技術概念，比如埃呂爾用 technique，芒福德用 technics（只把 technology 視為現代技術），而且歐美以 techno 為詞根出現了許多新詞，如 technocracy、technophobia 等，這也使技術的含義更為錯綜複雜。

4　埃弗雷特・M・羅傑斯撰，辛欣譯：《創新的擴散》（北京市：中央編譯出版社，2002年，第4版），頁13。

5　高亮華：《人文主義視野中的技術》（北京市：中國社會科學出版社，1996年），頁10-11。

6　金周英：《軟技術——創新的空間與實質》（北京市：新華出版社，2002年），頁99。

傳之無物，則傳之不遠，媒介在人類漫長的發展過程中所起的作用不言而喻。[7]那麼，何謂媒介？在漢語中，媒介和「媒」是緊密相關的，即婚姻介紹人，如《詩經》〈衛風〉〈氓〉：「匪我愆期，子無良媒。」後來引申為中介、導致、招引之義，再引申為居間的工具。媒介的英文單詞 Medium 一詞源於拉丁語 medius，意為中間，引申為介質、手段、（生物的）生活環境以及通常用作複數形式的傳播媒介等義項。

根據以上對「技術」和「媒介」兩個概念的理解，可以認為，從廣義而言，媒介技術是指人類為達到信息傳播的目的所使用的方法和手段，是指一切在表達、存貯和運載信息的過程中起中介作用的物理形式，包括物質實體和物理功能；從狹義而言，媒介技術是指大眾傳媒為達到信息傳播的目的，創造、控制、應用和改進信息傳遞系統的手段和方法。本書主要從狹義意義上討論媒介技術，不過鑒於部分廣義意義上的媒介技術與當時的印刷傳媒之間密不可分的勾連關係，在行文中必要之處也對其加以論述。

和「技術」類似，「制度」也是人類社會發展過程中極其重要的一個概念。如果說技術是人對自然的利用工具和方式，那麼制度就是處理人與人之間關係不可或缺的規則。[8]可「制度究竟是什麼」的問題，一直困擾著許多思想家和理論家。在中國官方乃至大眾語境中，

---

7 初看上去，在人類發展早期最重要的技術是石器的打磨、弓箭的製作、人工取火等，這幾類技術的發明和使用，使人同動物界分開，確立了人類社會。但是原始人的能力終歸有限，只有採取群居這種方式，既然是群居，那麼彼此間的信息傳通的重要性便是不言而喻。而文字的產生更使人類開始了一種全新的生存方式，當事情變得有據可查時，知識和技術的累積效應對於人類的發展開始起決定性的作用。

8 當然，如果按照科斯（Coase）定理所闡述的觀念，制度並非在所有情況下都是重要的，比如在交易費用為零的情況下，制度就不再重要。不過在現實中，交易費用不可能為零。

制度問題曾是個異常敏感的意識形態問題。隨著對社會認識的不斷深化，人們終於意識到，制度問題並非僅僅是關於國家政權性質和社會發展階段意義上的價值判斷和選擇，其實制度也是影響社會發展的重要因素。因此研究制度及其變遷自然具有十分重要的理論和實踐意義。

儘管制度一直是歷史哲學、政治學說和法律理論等學科的重要研究對象，但對當前文獻稍作流覽就會發現，要想形成統一的關於制度的理論顯然是件極其困難的任務。

國外學者對於制度的界定大體可以歸納為以下幾個方面：

第一，文化學的解釋。文化人類學往往從文化意義上對制度加以理解，法律規章、社會規範、宗教信仰、風俗習慣等凡是能給人的行為加以規約的社會文化形式都被界定為制度。

第二，心理學的解釋。這種視角不把制度僅僅視作一種純粹外在的社會規範或規則，而把制度視作經由社會化內化為行動者社會角色的人格、氣質等個性心理特徵，認為制度是由思想和習慣形成的。比如哈耶克（Frederic Von Hayek）就將制度與人的心理預期相聯繫，認為制度是一種狀態，在這種狀態下，人們能夠根據各自的專有知識形成對他人的行為預期，這種預期使得人們在互動中的相互調適成為可能。

第三，功能主義的解釋。帕森斯（T. Parsons）把社會行動看作一個由若干子系統組成的大系統，制度只是其中的一個子系統。默頓（R. Merton）則認為社會制度規定著未達到目標所能採取的手段，對行動者產生著兩重作用：一是對行為的外在約束；二是對行為的激勵和壓制。

第四，馬克思主義的解釋。馬克思主義認為，對制度的研究首先要分析作為經濟基礎的生產力以及與之相適應的生產關係，並從生產這一人類最基本的實踐活動出發，將制度的形成歸結為一定生產關係

以及與這種生產關係相適應的社會機構和規則確立的過程。

第五，政治學新制度主義的解釋。二十世紀七〇年代開始，受新制度主義經濟學理論的影響，政治學家把制度納入到主流政治學的理論視野，形成了一個新的流派——新制度主義，在研究社會現象的時候尤為關注制度的作用。[9]

第六，制度經濟學的解釋。舊制度經濟學代表人物凡勃倫（Thorstein B Veblen）和康芒斯（John Commons）等人也從最一般意義上給制度下過定義[10]，但真正使制度成為經濟分析興趣中心的是二十世紀八〇年代興起的新制度經濟學，這一學派把制度因素分析引進經濟學理論範疇，從而開創了經濟學研究的新領域。[11]其代表人物道

---

9 這一方面的研究以詹姆斯・馬奇和約翰・奧爾森（兩人合著了《重新發現制度：政治學的組織基礎》和《新制度主義：政治生活中的組織因素》）、彼得・豪爾和羅斯瑪麗・泰勒（兩人合著了《政治科學與三個新制度主義》）以及寇爾芭爾等人為代表，而且他們進一步將新制度主義分為三種，即：歷史制度主義（historical institutionalism）、理性選擇制度主義（rational choice institutionalism）和社會學制度主義（sociological institutionalism）。在運用制度主義分析工具研究社會實際政治運行問題方面，美國學者羅伯特・D・派特南是一個具有重要影響的人物。他在《使民主運轉起來》一書中，通過對意大利地方民主制度建設的分析，對民主制度建設及實際績效深受社會資本制約進行了深刻論述。

10 康芒斯很早便對制度理論作出了系統論述，他認為「個體行動受集體行動的控制」，制度可以解放個體行動。參見康芒斯撰，於樹生譯：《制度經濟學》（北京市：商務印書館，1962年），上冊，頁81。〕

11 如T・W・舒爾茨認為，制度是「一種行為規則，這些規則涉及社會、政治及經濟行為。例如，它們包括管束與離婚的規則，支配政治權力的配置與使用的憲法中所包含的規則，以及確立由市場資本主義或政府來分配資源與收入的規則」（T・W・舒爾茨：《制度與人的經濟價值的不斷提高》，科斯等撰，劉守英，胡莊君等譯：《財產權利與制度變遷》〔上海市：上海三聯書店，1992年〕，頁253）。日本新制度經濟學家青木昌彥從博弈論的角度出發概括了其它人對制度的三種定義：一是把制度定義為博弈的參與者，尤其是組織；二是把制度定義為博弈的規則；三是把制度定義為博弈的均衡解。參見青木昌彥撰，周黎安、王珊珊譯：〈什麼是制度？我們如何理解制度？〉，《經濟社會體制比較》2000年第6期。

格拉斯・諾思（Douglass C. North）[12]認為，制度由正式的成文規則以及那些作為正式規則之基礎與補充的典型的非成文行為準則所組成。[13]

當然，以上的分類之間並不是非此即彼的排斥關係，而是犬牙交錯互相勾連的。綜合以上的各種解釋可以認為：制度是社會公認的維繫團體生活和人類關係的法則和社會行為模式，既包括在特定的社會活動領域中比較穩定的、成文的、理性化的正式社會規範體系，也包括風俗、習慣、道德、文化、價值觀念等非正式的、不成文的、非系統化的表現形式。

自二十世紀九〇年代起，中國也有不少學者特別是一些經濟學家開始了對制度的研究。汪丁丁在《經濟發展與制度創新》一書中認為制度指人與人之間關係的某種契約形式或契約關係。這種形式或關係包括：規則，或正式的規則；習慣，或非正式的規則。[14]他還把全部制度現象劃分為三類：第一類是主體之間的關係，也叫人際關係；第二類制度現象是「物的秩序」；第三類是符號，包括語言、思想體系、宗教和數學曲線。與此相應，他認為制度分析也包含三個維度，即物的秩序、人際關係、精神與價值。[15]

在《經濟發展與制度選擇》一書中，國內較早對經濟學進行制度研究的張宇燕在旁徵博引後對制度進行了簡要詮釋：「實際上，制度的本質內涵不外乎兩項：即習慣和規則，而其它特徵或屬性或附帶說明均不過是它們的派生物。」[16]黃速建則將制度看作是與市場主體相

---

12 Douglass C. North 被譯成「諾思」和「諾斯」的均有，本書為了統一，除了引用別人原文中的表述，其它一律表述為「諾思」。

13 道格拉斯・C・諾思撰，杭行譯：《制度、制度變遷與經濟績效》（上海市：格致出版社，上海人民出版社，2008年），頁5。

14 汪丁丁：《經濟發展與制度創新》（上海市：上海人民出版社，1995年），頁3-4。

15 汪丁丁：《制度分析基礎》（北京市：社會科學文獻出版社，2002年），頁51-56。

16 張宇燕：《經濟發展與制度選擇》（北京市：中國人民大學出版社，1992年），頁120。

關的制度與制度環境的統稱，認為制度是一種制度體系，而不僅是某一種制度，它是市場主體以及涉及市場主體的一系列制度和制度環境的統稱。[17]張旭昆則把制度定義為關於人們（個人及組織）行為的規則，是關於人們的權利、義務和禁異的規定。[18]

陳創生認為，制度的每一次安排都是無數次博弈的結果，一部文明史，就是一部制度的變遷史。[19]韋森在其著述中一直堅持把institution[20]翻譯為「製序」（即制度規則調節著的秩序），他認為應該用「製序」一詞取代「制度」。在他看來，「製序」是一個從習慣到習俗、從習俗到慣例、從慣例到法律制度的動態的內在邏輯發展過程。[21]林紅玲概括指出，制度是人為設計的形成人們之間相互交易的約束，是由正式規則、非正式規則和它們的實施方式構成的。制度變遷是對構成制度框架的規則、準則和實施機制的結合所作的邊際調整。制度變遷的動力是個人期望在現存制度下獲取最大的潛在的外部

---

17 黃速建：《國有企業產權制度變革》（北京市：經濟管理出版社，1996年），頁39。

18 張旭昆：〈制度的定義與分〉，《浙江社會科學》2002年第6期。

19 陳創生：〈論制度及其社會意義〉，《現代哲學》2001年第3期。

20 據韋森的歸納，在中國經濟學界一般都將其譯為「制度」，而中國英語學界（如姚小平、顧曰國教授）和哲學界（如陳嘉映教授等）一般把「institution」翻譯為「建制」。另外值得注意的是，在《索緒爾普通語言學教程的三度講演》中譯本中，張紹傑教授將所有的「social institutions」全部翻譯為「社會慣例」，而將所有的「convention」全部翻譯為「規約」，楊國榮教授則在《倫理與存在》中全部把「institution」翻譯為「體制」。事實上，正如韋森指出的，哈耶克、科斯和諾思在使用「institution」一詞時，所涵指的現實對象性也實際上是不同的。哈耶克傾向於把他的研究對象視作為一種「order」（秩序），科斯則把「institution」視作為一種「建制結構」（有點接近英文的「structural arrangement」即「結構安排」或「configuration」即「構形」），而諾思則把「institution」視作為一種「約束規則」。

21 詳情參見韋森：〈語言、道德與制度〉，《東嶽論叢》2004年第3期；韋森：《文化與製序》（上海市：上海人民出版社，2003年），頁1-2之注釋；韋森：《社會製序的經濟分析導論》（上海市：上海三聯書店，2001年），頁131-133。

利潤。在制度變遷的過程中，制度與組織之間連續不斷的相互作用，是制度變遷的關鍵之點。[22]

　　關於制度的內涵本就見仁見智，對其下位概念「傳媒制度」的討論更是充滿分歧。因為「傳媒制度」包含了一組讓人極易混淆的「家族相似性」（family resemblance）概念：傳播制度、媒介制度、傳播體制、新聞制度、新聞體制等等。即使時至今日，我們給「傳媒制度」定位時仍需依靠十分複雜的政治光譜（political spectra）。如何定義傳媒制度，將直接反映研究的基本立場，直接關係到制度研究將如何解釋人類傳播進程中的矛盾、衝突與困惑。由於這組具有「家族相似性」的概念紛繁複雜，只能就其中幾個較為常見的稍加分析。

　　「體制」一詞的使用頻率頗高。學者徐耀魁在《世界新聞傳播體制的四種類型》，將大眾傳播體制分為商業經濟型、政治宣傳型、社會自治型、社會服務型四種。[23]《新聞傳播百科全書》中認為，大眾傳播體制是「大眾傳播媒介所有制形式、機構設置、經營方式、管理控制以及傳播的最終目的的總稱」，並認為從所有制形式、經營方式和傳播的最終目的這三個決定體制類型的基本要素來看，大眾傳播體制實際上主要有三種類型：商業經濟型、政治宣傳型和公共傳播型。[24]在〈新聞改革與新聞體制的改造〉一文中，潘忠黨認為：「體制」代表了社會學中所指的「機構」及其穩定關聯所形成的結構，以及這種關聯所遵循的原則和規範。當這兩方面固化於某種社會實踐中時，便指這一實體為「體制」或「系統」。[25]在〈傳播體制選擇與經濟機制效

22　林紅玲：〈西方制度變遷理論述評〉，《社會科學輯刊》2001年第1期。

23　徐耀魁：〈世界新聞傳播體制的四種類型〉，《新聞學刊》1988年第1期。

24　邱沛篁、吳信訓等：《新聞傳播百科全書》（成都市：四川人民出版社，1998年），頁40-41。

25　潘忠黨：〈新聞改革與新聞體制的改造〉，《新聞與傳播研究》1997年第3期。

率〉一文中，韓強認為傳播體制就是「社會傳播系統的控制結構，是傳播的活動規範模式、文化規範模式和制度規範模式的集中反映」。[26]

肖燕雄使用了「新聞傳播制度」和「傳播制度」這樣的概念，並認為：新聞傳播學研究包括新聞傳播事業、新聞傳播思想和新聞傳播制度三個方面，但新聞制度方面一直被忽視。他在系列研究中，從傳媒監管法律制度（宏觀制度）、媒體經營制度（中觀制度）和新聞生產製度（微觀制度）分別著手，力求形成新聞傳播制度研究的大致理論框架。[27]

「傳媒制度」這一概念亦較為常見。鄭涵和金冠軍在《當代西方傳媒制度》一書中認為，其中「制度」一詞，也即英文所謂的「institution」，意指一整套價值理念、規則系統、組織機構、人員構成、人際關係、制度環境等。政治、經濟、技術因素的互相影響對於傳媒制度具有關鍵作用，文化意識也是極端重要的變數。他們在書中還論述了泰勒（Lisa Taylor）與威利斯（Andrew Willis）對西方傳媒制度的定義：其一，在資本主義社會，傳媒制度是製造傳媒商品的工業或者商業；其二，在更廣泛的意義上，傳媒制度屬於社會較大的組織機構或結構。[28]李豔華也用了「傳媒制度」這一概念，並指出由於傳媒外部性的存在，世界範圍內的媒介產業都是政府規制的對象，還分析了由於我國媒介產業的獨特的政治性、意識形態性的特點，政府

26 韓強：〈傳播體制選擇與經濟機制效率〉（上），《當代傳播》1997年第2期。

27 參見肖燕雄系列研究：肖燕雄：《新聞傳播制度研究》（長沙市：嶽麓書社，2002年）；肖燕雄：《中國傳媒法制的變革空間》（長沙市：湖南教育出版社，2006年）；肖燕雄：《傳播制度與實務》（長沙市：湖南大學出版社，2007年）；肖燕雄：《微觀新聞制度論》（北京市：中國傳媒大學出版社，2008年）。

28 鄭涵、金冠軍：《當代西方傳媒制度》（上海市：上海交通大學出版社，2008年），頁1-2。

怎樣依據成本選擇傳媒制度。[29]也有論者認為，傳媒制度的形成和維持涉及三個方面的利益：政府、傳媒（包括傳媒主體和傳媒客體）、受眾（社會）。因此，從某種意義上說，傳媒制度就是一定社會中政府、傳媒、受眾（社會）三種不同的利益主體進行利益博弈的結果或表現。[30]

　　本書中「傳媒制度」主要指 media institution 而非 media system，因為 system 更多的是從意識形態的角度所說的「體制」，是所謂的宏觀的「大制度」，和 regime 更為接近；而 institution 這個詞的含義較為複雜，既可以指一整套價值理念、規則系統，也可以指組織機構、人員構成等。是媒體運行的內外部規則，包括媒體的內容生產機制、媒體的經營管理制度和政府對媒體的管理制度。與此相應，傳媒制度變遷則指傳媒制度諸要素或結構隨時間推移、環境變化而發生的改變，也就是傳媒制度產生、發展和完善以及被替代的過程。

　　那麼，傳媒制度的變遷是否受到了媒介技術的影響？抑或反之，傳媒制度是否影響了媒介技術的發展？本書嘗試以晚清[31]為剖面，探

---

29 李艷華：〈傳媒制度選擇的經濟學分析〉．《國際新聞界》2008年第3期。

30 張偉：〈關於傳媒倫理問題的制度學思考〉，《湖北民族學院學報》（哲社版）2005年第3期。

31 學界關於「晚清」的討論層出不窮，可何謂「晚清」？據《辭海》釋義：「晚，時間上將近終了。」依照字意，「晚清」應當是指清朝的晚期。可從何時開始才算清朝的晚期呢？要具體落實到何年何月開始，以何種重大歷史事件作為劃分標誌，其實還缺少一致意見。可能很多人會認為以太平天國運動為標誌比較合理，但太平天國之後，又有所謂的同治中興，既稱中興，自然不能算是晚期。因而，所謂「晚清」，似乎至早應從同治以後，也就是光緒初年（1875年）算起，至清朝滅亡（1911年），這樣，整個「晚清」便只有不到四十年時間，似乎太短。但這只是我們從字面上所作的一種推論，事實上，一般談「晚清」並非自同治以後開始，比如費正清主編的《劍橋中國晚清史》一書中就將晚清的起止時間界定為一八〇〇年至一九一一年。從「晚清」這一概念的使用情況看，它已經變成一個類似庫恩（Thomas S. Kuhn）所說的「範式」，主導著人們的價值判斷，以致在許多人心目中「晚清」幾

討當時媒介技術發展與傳媒制度變遷之間的互動，其中重點思考晚清媒介技術發展是如何影響以及如何可能影響傳媒制度變遷的。當然，媒介技術與傳媒制度的互動關係並不始自晚清，本書之所以選定這個時段主要是考慮到：這一時期中國面臨著亙古未有的困頓局勢，為了應對這一困頓局勢先後登場的諸多見招拆招式的改革措施[32]使得媒介技術發展和傳媒制度變遷的互動問題進一步凸顯。

儘管國內外關於技術與制度關係的研究成果頗豐，但其中關於媒介技術和傳媒制度的關係的探討卻為數不多，總體看來既不深入也不集中，尚未形成系統的媒介技術與傳媒制度關係的理論，而專門論述晚清媒介技術發展對傳媒制度影響的研究更近闕如。

在國外，有不少學者對媒介技術的社會影響進行了探討，並形成了不同的學術指向。這部分成果的研究傾向和本書宗旨未必入弦入扣，但其中很多理論作為本書思考和論斷的邏輯起點，不得不略加交代。

媒介技術主義理論。[33]傳播學誕生伊始就帶有強烈的現實關懷，

乎與「近代」同義——大體上是指從鴉片戰爭到滿清傾覆的70年左右的時間，即自道光二十年（1840年）至宣統三年（1911年）。學術研究本不嫌其細碎，細分本無可指責，只是這種階段的劃分雖然便利了學者們的研究，卻容易切斷歷史本身的連續性，也遮蔽了史實的豐富性。因此，以一八四○年作為「晚清」的起點確需重新考量。本書將「晚清」所指之爭暫時「懸擱」，只是根據中國近代報刊的出現時間為其所指做一個工作性界定：起點一八一五年，而終止時間則於清王朝垮臺的一九一一年。不過，晚清媒介技術與傳媒制度均非平地而起，亦非驟然中輟，為了闡釋問題的需要，必要的時候將回溯晚清以前或突破一九一一年的下限，以期透過拉長的時間和事件之間的細微關聯，來凸顯媒介技術發展對傳媒制度變遷的影響。

32 如洋務運動、維新變法、修律新政、「開民智、新民德、鼓民力」運動等。

33 本書沒有採用常見的「硬媒介技術決定論」、「強媒介技術決定論」和「軟媒介技術決定論」、「溫和的媒介技術決定論」等說法，比如麥克盧漢常被人稱為「硬媒介技術決定論」，但實際上麥氏的理論已經超越了純粹技術決定論的解釋，與社會文化緊密相連了，給其冠以「硬媒介技術決定論」的帽子是值得商榷的。因此，本書統一以「媒介技術主義理論」加以概括。

打上了強烈的實證主義烙印。關於媒介技術主義的研究在傳播學史上也長期偏於一隅，直到哈樂德·英尼斯[34]（Harold Innis）和麥克盧漢（Marshall McLuhan）的出現才扭轉了這一局面。英尼斯的媒介技術理論主要體現在《帝國與傳播》和《傳播的偏向》這兩部著作中，他認為媒介技術的進步有助於一定社會階級的知識和權力的集中和壟斷，原因是傳播媒介具有偏向性[35]，社會組織的變化、主體性的形成以及知識的組織化都受到媒介技術的影響，媒介技術是社會組織形式和文化模式的決定性因素。從而，英尼斯對媒介技術的作用給予了前所未有的肯定，並找出了媒介技術和社會制度的對應關係——媒介技術形態決定了社會的組織形式。這是傳播學史上較早對媒介技術進行的相對系統化的理論研究。二十世紀六〇年代，麥克盧漢先後出版了三本傳播學專著：《古登堡群英》、《理解媒介》和《媒介即信息》，在這些著作中，麥克盧漢提出了一系列大膽新穎的媒介理論，其奇特的媒介觀和媒介研究方法震動了傳播學界，以致誕生出「麥克盧漢主義」這一新詞彙。正是麥克盧漢的出現才真正確立了媒介技術主義理論在傳播學研究領域裏的應有地位。儘管麥克盧漢謙稱自己只是在為英尼斯的理論作注釋，但這絲毫沒有影響他在媒介技術理論研究歷史上的決定性地位。亦如學者張詠華所指出的，「假如說英尼斯是將媒

---

34 Horold Innis 有英尼斯、般尼斯、伊尼斯、因尼斯等多個譯名，本書中除了引文中的「伊尼斯」和參考文獻外，其餘的表述中均使用目前最普遍的譯名「英尼斯」。

35 傳播媒介或偏於時間，或者偏向於空間。偏向於時間的傳播媒介易於長久保存但卻難以運輸，比如一些重型的材料：羊皮紙、黏土和石頭等；偏向於空間的傳播媒介易於遠距離運送但長久保存性比較差，比如輕便的紙莎草和紙張等等。根據英尼斯的觀點，前者有助於樹立權威，從而有利於形成等級森嚴的社會制度；後者則有助於遠距離管理和廣闊地域中的貿易，便於帝國領土的擴張，從而有利於形成中央集權但等級不強的社會體制。參見哈樂德·伊尼斯撰，何道寬譯：《傳播與帝國》（北京市：中國人民大學出版社，2003年）；哈樂德·伊尼斯撰，何道寬譯：《傳播的偏向》（北京市：中國人民大學出版社，2003年）。

介技術與人類文明發展史聯繫起來進行探討的先驅,那麼麥克盧漢則是繼續開拓這一領域、並在傳播學研究中確立以媒介技術為焦點的研究傳統的關鍵人物」。[36]但正如施拉姆(Wilbur Schramm)和波特(William E. Porter)所評論的,「他的論述方式使得他的觀點難以捉摸」,「因此他在學術上的態度是有些玄妙的⋯⋯他發出的訊息可以作種種不同的解釋」。[37]喧囂的二十世紀六〇年代以後,麥克盧漢遭到愈來愈多的批評——主要指向兩點:一是他無所不包的媒介定義;二是他反實證、反經驗的研究方法。如果說英尼斯和麥克盧漢較為迷戀技術理性和邏輯原則的話,那麼保羅・利文森(Paul Levinson)和尼爾・波茲曼(Neil Postman)等人更側重於媒介技術和事物產生的可能性之間的相互關係,認為經濟、社會、政治、文化等多個維度影響著媒介技術的實現。利文森在一九九七年出版的《軟邊緣:信息革命的歷史與未來》[38]中認為「人類所發展的所有信息技術,沒有任何一種技術能夠和我們人類基本要素的語言中心相提並論,除非它是對語言的超越和通過某種方式所進行的替代。但是,這些技術還是在有限的層次上對我們的生存產生了深遠的影響」。[39]他承認媒介技術決定社會的發展,媒介技術的進步是自發的,也承認社會的諸方面對媒介技術的制約作用,強調媒介技術進步來源於整個社會對變革的渴望和追求,要依賴於社會的「選擇」和使用。尼爾・波茲曼(Neil Postman)甚至自創了「技術壟斷」(Technopoly)一詞,用來意指在技術社會中

---

36 張詠華:《媒介分析:傳播技術神話的解讀》(上海市:復旦大學出版社,2002年),頁60。

37 威爾伯・施拉姆、威廉・波特撰,陳亮等譯:《傳播學概論》(北京市:新華出版社,1984年),頁136-137。

38 從書的命名大致也可以看出作者的傾向。

39 保羅・利文森撰,熊澄宇等譯:《軟邊緣:信息革命的歷史與未來》(北京市:清華大學出版社,2002年),頁2-3。

技術被神化並將它的控制力量延伸到生活的方方面面。他在 *Technopoly: The Surrender of Culture to Technology* 一書中宣稱當下社會已經超越了技術專業化而走向了技術壟斷。[40]

　　媒介技術情境論。二十世紀末，因為媒介新技術的發展，麥克盧漢那些被學界斥為毫無邏輯的臆想和狂言成為舉目可見的事實。於是，媒介技術的研究價值再一次自然而然地成為學者們關注的焦點。這一時期還湧現出一大批媒介技術主義理論的專門的研究者及其著作。美國學者約書亞・梅羅維茨（Joshua Meyrowitz）一九八五年出版《消失的地域》一書，將麥克盧漢的媒介理論與戈夫曼（Erving Goffman）的「擬劇論」相結合，提出了對媒介技術新的研究視角：情境理論的視角。他將傳統的情境理論拓寬，認為情境不僅僅是傳統概念中的人們表現自己行為時所處的自然情境，由媒介造成的信息環境同樣重要，在確定情境的界限中應把接觸信息的機會當成關鍵因素。因而媒介的變化必然會導致社會情境的變化，而後者決定人們的行為。英國學者鄧尼斯・麥奎爾（Dennis McQuail）認為，「每一種媒介都可以從技術、物質形式、典型模式、文類、功用以及制度環境的觀點來討論」。[41]他因此特別重視媒介技術在媒介制度中的影響作用，甚至認為技術因素和政治、經濟因素一樣，是構成媒介體制的重要組成部分。他認為，「傳播體制具有不同尋常的特性，關鍵在於它的行動無法擺脫經濟和政治的影響，並且非常依賴技術的不斷變化」。[42]英國學者雷蒙德・威廉斯（Raymond Williams）的理論挑戰了媒介技術

40　Neil Postman, *Technopoly: the Surrender of Culture to Technology* (New York: Vintage Books, 1993).

41　鄧尼斯・麥奎爾撰，崔保國、李琨譯：《麥奎爾大眾傳播理論》（北京市：清華大學出版社，2006年），頁16。

42　鄧尼斯・麥奎爾撰，崔保國、李琨譯：《麥奎爾大眾傳播理論》（北京市：清華大學出版社，2006年），頁159。

主義的核心理論。他堅持認為應該把媒介的產生、應用和發展置於社會歷史背景中進行透視，把大眾傳播當作重要文化現象來研究。他還指出，媒介技術是在一定的意圖和已知的社會需求指導之下發展出來的，機構的利益取向以及機構對新技術的使用在很大程度上影響新技術如何「被發現」。他的一系列力作——《長期的革命》[43]、《傳播學》[44]和《電視：科技與文化形式》[45]都典型地體現了這種探索。美國學者布裏恩・溫斯頓（B. Winston）認為，在傳播技術與社會的關係認識上存在著兩種觀點——即「技術決定論」和「文化決定論」。「技術決定論者，他們視技術無所不能，如同在歷史真空中發揮作用，傾向於認為技術對傳播內容的影響是壓倒一切的。文化決定論者，他們把技術牢牢地放在社會背景中，認為社會背景才是決定媒介技術和媒介內容的主要因素」。他自己似乎更傾向於社會環境對媒介技術的制約，「是社會環境決定了傳播方式的內容，而不是技術」。[46]法國學者派特里斯・費裏奇（Patrice Flichy）在《現代信息交流史》一書中引入了社會史和技術史的要素探究電報、電話、照相機、唱機、電影、廣播、電視等巨大的信息交流體系的起源，詳細描述了電報的發展與交易所的發展的關聯以及現代交流的工具是怎樣逐漸地從

43　Williams, R., *The Long Revolution* (London: Penguin, 1975).

44　Williams, R., *Communicaitons* (London: Penguin, 1970).

45　Williams, R., *Television: Technology and Cultural Form* (London: Fontana, 1974)；雷蒙德・威廉斯撰，馮建三譯：《電視：科技與文化形式》（臺北市：遠流出版公司，1994年）；R.威廉斯撰，陳越譯：〈電視：技術與文化形式（一）〉，《世界電影》2000年第2期；R.威廉斯撰，陳越、趙文譯：〈電視：技術與文化形式（二）〉，《世界電影》2000年第3期；R.威廉斯撰，陳越譯：〈電視：技術與文化形式（三）〉，《世界電影》2000年第5期；R.威廉斯撰，陳越、趙文譯：〈電視：技術與文化形式（三）（續完）〉，《世界電影》2000年第6期。

46　布裏恩・溫斯頓撰，來豐編譯：〈技術發展的原因及其對傳播內容的影響〉，《新聞大學》2001年冬季號。

公共領域蔓延到私人領域的過程，討論了從光學電報到無繩電話的發展歷程中，人們的交流關係是怎樣形成的這一問題。[47]

媒介技術批判論。在西方學術史上，伴隨著媒介技術主義理論的提出，就有學者在文化層面上對媒介技術提出了詰難。二十世紀上半葉，歐洲的法蘭克福學派注意到了媒介技術可能給人類社會帶來的影響，他們認為媒介技術進步帶來的媒介進步實際上已經成為意識形態統治的工具。該學派早期的代表人物霍克海默（M. Horkheimer）和阿多諾（Theodor Wiesengrund Adorno，亦譯為阿多爾諾或阿道爾諾）在《啟蒙辯證法》中指出，「技術是知識的本質，它的目的不再是概念和圖景，也不是偶然的認識，而是方法，對他人勞動的剝削以及資本」。[48]法蘭克福學派另一個代表人物瑪律庫塞（Herbert Marcuse）在《單向度的人》中進一步指出：「在整個近代，具有生產性和破壞性的國家機器的技術結構及效率，一直是使人們服從已確立的社會分工的主要手段。而且，這種結合往往伴隨著更為明顯的強制形式。」[49]也就是說，媒介技術不但受到社會的全面控制，而且技術本身就預先按照統治者的意志和需要設計出來的，設計本身就包含了一種統治的先驗性和控制的欲望。

媒介技術文化論。這方面較具代表性人物的當屬詹姆斯·凱瑞（James Carey），他認為傳播有兩大含義：傳遞觀（a transmission view of communication）和儀式觀（a ritual view of communication）。傳遞觀源自地理和運輸（transportation）的隱喻，指的是為了達到控

---

47 派特里斯·費裏奇撰，劉大明譯：《現代信息交流史》（北京市：中國人民大學出版社，2008年）。

48 馬克斯·霍克海默、希歐多爾·阿道爾諾撰，渠敬東、曹衛東譯：《啟蒙辯證法》（上海市：上海人民出版社，2006年），頁2。

49 瑪律庫塞撰，劉繼譯：《單向度的人──發達工業社會意識研究》（上海市：上海譯文出版社，1989年），頁10。

制的目的，把信號或訊息從一端傳送至另一端。它源自人類古老的夢想——超越時空，自由翱翔。歐洲基督教徒當年遠渡重洋到達美洲，為的是拓展上帝的領地、傳遞上帝的福音；因此，在教徒們的心目中，萬能的上帝為了傳教開通了鐵路，電報的發明更令教徒們歡心鼓舞，因為福音可以傳得更快、更遠。傳播的儀式觀則截然不同，它並非指訊息在空間的擴散，而是指時間上對一個社會的維繫；它不是指分享信息的行為，而是對信息的表徵（representation）。若從其宗教隱喻看，它強調的是禱告、聖歌和典禮的重要性，因為它讓人產生精神上的共用感和團體感。因此，從儀式觀看，傳播的起源及其境界，並不是指信息的傳遞，而是建構並維繫一個有秩序、有意義、能夠用來包容人類思想和行為的文化社群。傳播的本質並不在於控制，而是一種文化儀式。媒介是文本的呈現，是供人類參與其中的戲劇舞臺。正如有學者指出的，「凱瑞不是像麥克盧漢那樣，對媒介技術作直覺式的斷想，而是把它放進實實在在的歷史、文化的經驗和實踐中，進行多方位的闡釋」，「在凱瑞敘述的『電報故事』中，技術與文化這對『孿生演員』的表演得到淋漓盡致的展現」。[50]英國學者史蒂文生（Nick Stevenson）在《理解媒介文化》一書中認為，「麥克盧漢最為人知的是這樣一個發人深思的觀點：媒介最重要的方面，並不是植根於與文化內容有關的各種問題，而是在於傳播的技術媒介」[51]，而「口語社會的在社會和感覺上均已被整合的世界被印刷的理性化衝擊所徹底改變。這導致了一種少數、等級和專業化的精英文化的產生」。[52]他

50 丁未：〈電報的故事〉，《新聞記者》2006年第3期。

51 尼克·史蒂文生撰，王文斌譯：《認識媒介文化》（北京市：商務印書館，2001年），頁185。

52 尼克·史蒂文生撰，王文斌譯：《認識媒介文化》（北京市：商務印書館，2001年），頁193。

進一步指出,「許多現代文化是依憑大眾傳播媒介來傳達的」,「這已深刻地改變了現象學意義上的現代生活經驗,以及社會權力的網路系統」。[53]美國學者丹尼爾・傑・切特羅姆(Daniel Czitrom)在《傳播媒介與美國人的思想——從莫爾斯到麥克盧漢》一書中從整體上探討了與現代傳播媒介的影響有關的三種主要傳統,討論了自十九世紀中葉以來美國人對於理解現代傳播影響的努力是如何演化的,這些努力曾經又是如何與美國社會思想的更大領域相契合的,這些思想與不斷變化的傳播技術和制度曾經是什麼關係以及在新傳播媒介形式的發展中早期的公眾反應又起何作用諸問題。他認為,文化和傳播的範疇不可避免地會重合,現代傳播已成為文化,特別是大眾文化的觀念和現實這一整體的組成部分。[54]

　　媒介技術影響論。歷史學家伊莉莎白・愛森斯坦(Elizabeth Eisenstein)將印刷術視為社會變遷的重要工具,指出十五世紀末和十六世紀,正是印刷術的擴散撕裂了西歐的社會生活結構,並用新的方式把它重新組合,從而形成了近現代模式的雛形。[55]在她看來,印刷術無異於一場「革命」,不但增加了圖書的產量,改變了出版的方式,重要的是影響了人們的學習、認識和思考方法。[56]瑪律坦(Boris Martin)和呂西安・費夫賀(Lucien Febvre)的《印刷書的誕生》是書籍史領域的另一部經典之作,與上述Elizabeth Eisenstein的 *The*

---

53 尼克・史蒂文生撰,王文斌譯:《認識媒介文化》(北京市:商務印書館,2001年),頁12。

54 丹尼爾・傑・切特羅姆撰,曹靜生、黃艾禾譯:《傳播媒介與美國人的思想——從莫爾斯到麥克盧漢》(北京市:中國廣播電視出版社,1991年)。

55 Elizabeth Eisenstein, *The Printing Press as an Agent of Change* (Cambridge: Cambridge University Press, 1980).

56 Elizabeth Eisenstein, *The Printing Revolution in Early Modern Europe* (Cambridge: Cambridge University Press, 1983),p. 6.

Printing Press as an Agent of Change 同享西方早期書籍史的「雙璧」之譽。這是一部關於世界（以歐洲為主）圖書的斷代史，聚焦於一四五〇年至一八〇〇年間活字印刷術發明後的早期圖書史，探究了印刷書如何誕生以及西方文明從手抄本邁入印刷書籍的革命性轉型。[57]歐美漢學界有不少學者對中國印刷出版的發展進行了探討，如周啟榮（Kai-wing Chow）的《近代早期中國的出版、文化與權力》（*Publishing, Culture and Power in Early China*）[58]，周啟榮和包筠雅（Cynthia Jannne Brokaw）合編的《晚期中華帝國的印刷與書籍文化》（*Printing and Book Culture in Late Imperial China*）。[59]《晚期中華帝國》（*Late Imperial China*）雜誌則於一九九六年就推出了「晚期中華帝國的出版與印刷文化」（Publishing and the Print Culture in Late Imperial China）專號[60]，裏面收錄了弗里德曼（Friedman, Jill A.）、賈晉珠（Lucille Chia）、包筠雅、卜正民（Timothy Brook）、周啟榮、貝爾（Bell, Catherine M）六位作者的六篇文章。包筠雅的《文化中的商業》一書[61]，不僅介紹了十七世紀後半期以來中國著名的雕版印刷中心之一——閩西四堡的印刷與書籍貿易情況，還討論了清代印刷文化的擴散及其對士大夫、社會地位與政治權力的影響，認為書籍在向不同階層的大眾進行著社會滲透。芮哲非（Christopher A. Reed）的《古登

57 費夫賀、瑪律坦撰，李鴻志譯：《印刷書的誕生》（桂林市：廣西師範大學出版社，2006年）。

58 Kai-wing Chow, *Publishing, Culture and Power in Early China* (Stanford: Stanford University Press, 2004).

59 Cynthia J. Brokaw & Kai-wing Chow., *Printing and Book Culture in Late Imperial China.* (Berkeley: University of California Press, 2005).

60 *Late Imperial China.* 17. 1 (June. 1996): 1-200.

61 Cynthia Joanne Brokaw, *Commerce in Culture: the Sibao Book Trade in the Qing and Republican Periods* (Cambridge and London: Harvard University sia Center, 2007).

堡在上海市：中國的印刷資本主義，1876-1937年》（ *Gutenberg in Shanghai: Chinese Print Capitalism, 1876-1937* ）[62]一書，從本尼迪克特‧安德森（Benedict Anderson）的《想像的共同體：民族主義的起源與散佈》一書中吸收了不少靈感，來討論印刷文化、印刷商業和印刷資本主義對中國近代民族主義的建構作用。該書內容涉及面很廣，從印刷技術在近代中國的傳播到上海石印技術的黃金時代（1876-1905年），從印刷技術到印刷的組織模式，乃至印刷對文化、對教育、對政治的影響，都有較為詳細的討論。美國學者卡特（T. F. Carter）在 *The Invention of Printing in China and Its Spread West Ward*[63] 一書中利用了大量史料對印刷術的發明及其向世界的傳播情況作了全面的敘述，令人信服地論述了中國是造紙術和印刷術的故鄉，這些發明對歐洲及世界各國的造紙印刷事業的產生和發展起了決定性的影響，這也是西方人研究中國印刷術的第一部著作。美國學者季家珍（Joan Judge，亦譯為賈吉）在《印刷與政治》一書中以清末民初《時報》為核心、以報人作為主體的改革者在政治、社會和文化領域的建設性的努力方向，形成二十世紀初晚清歷史的獨特軌跡。[64]書中描述了晚清末期各式印刷出版物在為人們構思、描述著理想的社會、理想的政治，支撐傳統專制的政治觀念因之瓦解，其它一些傳統觀念也逐漸被人們淡出、拋棄。政治性報刊書籍的大量流通，成為衝擊中

---

62 Christopher A. Reed., *Gutenberg in Shanghai: Chinese print capitalism, 1876-1937* (Vancouver, Toronto: University of British Columbia Press, 2004).

63 一九二五年由哥倫比亞大學出版部出版，一九二八年即由商務印書館出版了最早的中譯本，書名為《中國印刷術源流史》。中文版另參見T.F.卡特撰，吳澤炎譯：《中國印刷術的發明和它的西傳》（北京市：商務印書館，1991年）。

64 Joan Judge, *Print and Politics, Shibao and the Culture of Reform in Late Qing China* (Standford University Press, 1996).

國傳統社會、瓦解清朝專制統治的極具滲透力和影響力的力量。[65]法國學者加布里埃爾・塔爾德（Gabriel Tarde）和美國學者特里・N・克拉克（Terry N. Clark）認為，「即使到大革命的末期，快速傳播的缺乏，仍然是公眾生活激情和普及過程中不可逾越的障礙。報紙送達讀者手中每周只有兩三次，在巴黎出版後要一周才能夠送到法國南部，它們怎麼能夠使人覺得近在咫尺、同步一致呢？沒有這樣的感覺，讀報和看書又有什麼根本的區別呢？等到二十世紀，由於完善的交通工具和遠距離瞬間的思想傳輸，各種公眾才得到了無限延伸的可能，正是這種延伸使公眾與群眾構成強烈的反差」，「三種互補的發明──印刷術、鐵路和電報──聯手創造了報紙令人望而生畏的威力，造就了令人驚歎的電話，它異乎尋常地放大了過去演說家和布道師擁有的聽眾」[66]，「約束現代交談的最強大力量是書籍和報紙。書籍和報紙氾濫之前，交談的地區差異很大；再也沒有比這種變異更加突出的現象了，從一個鎮到另一個鎮，從一個國家到另一個國家，話題、語氣和風格都存在極大的差異；與此同時，再也沒有比這種交談更加單調枯燥的了。如今的情況剛好顛倒過來。報紙使人們的交談在內容上統一，使交談更加活躍，使之空間上異質、時間上多樣」。[67]美國學者伊錫爾・德・索拉・普爾（Ithiel de Sola Pool）在《電話的社會影響》一書中指出：歷史學家和社會學家很少在他們的著作中提及電話，或者一旦提及，電話就被斷言對社會產生了深刻的影響。而情況並不如此簡單明瞭。書中的論文主要討論了電話的社會影響是否可

---

65 王敏：〈「中間地帶」：晚清上海報人與立憲運動〉，《學術月刊》2003年第11期。
66 加布里埃爾・塔爾德撰，何道寬譯：《傳播與社會影響》（北京市：中國人民大學出版社，2005年），頁216。
67 加布里埃爾・塔爾德撰，何道寬譯：《傳播與社會影響》（北京市：中國人民大學出版社，2005年），頁241。

能以及如何可能的，並在麻省理工學院舉辦的電話誕辰百年的系列研討會上進行了交流。[68]在海外華人學者當中，錢存訓（Tsien Tsuen 拟 Hsuin）是研究中國媒介技術史的重要人物。他的博士學位論文 *The pre-printing records of China: a study of the development of early Chinese inscriptions and books* 經過多年補充和修改後以著作 *Written on bamboo and silk: the beginnings of Chinese books and inscriptions* 形式於一九六二年由芝加哥大學出版社出版。[69]他的《中國紙和印刷文化史》、《中國古代書籍紙墨及印刷術》等書對中國古代媒介技術發展也作了深入考察和詳細論述。

在國內，已有越來越多的學者把視角投向了晚清的新聞傳播活動，亦有不少研究成果或多或少關注到當時的媒介技術或傳媒制度以及兩者之間的互動關係。

首先，有不少成果分析了晚清媒介技術發展與媒體內部機制變革的關聯。

丁淦林在《中國新聞事業史》中指出，晚清新式報紙的版式、插圖、副刊都是邸報、京報等中國古代報紙所沒有的。報館有明確的機構設置與專業分工，從出報到行銷能有序地運作，辦報成為獨立的社會職業。[70]在《中國近代報刊史》中，方漢奇論述了隨著技術發展而出現的報刊廣告情況，「資本主義的商業廣告，在報刊的版面上佔有越來越大的比重。中國古代的報紙如邸報，如報房京報，都從來不登廣告，利用報紙刊登商業廣告完全出於大規模地發展商品生產的需

68　伊錫爾·德·索拉·普爾撰，鄧天穎譯：《電話的社會影響》（北京市：中國人民大學出版社，2008年）。

69　此書一九七五年香港中文大學周寧森博士譯成中文本，題為《中國古代書史》，大陸一般譯為《書於竹帛：中國古代的文字記錄》（上海市：上海書店出版社，2002／2004／2006年）。

70　丁淦林：《中國新聞事業史》（北京市：高等教育出版社，2002年），頁60。

要，和帝國主義經濟侵略的需要，是中國報紙『近代化』即資本主義化的標誌之一」。[71]無疑，這是新聞媒體經營制度的一個重要變化。

許正林在《中國新聞史》中論及傳教士報刊的意義與影響時指出，傳教士報刊不僅帶來了西方近代印刷技術、設備和近代報刊的形式，還傳來了近代報刊採寫編譯等業務模式，「他們重視新聞採訪工作，不少報刊創刊不久就廣泛徵求新聞稿件，這種嶄新的新聞理念對中國當時報人的影響是重大的」，「傳教士報刊已經意識到傳播過程中的『回饋』非常重要，報刊開始重視讀者的回饋與互動，這幾乎是報業史上的重大突破」。[72]

孫瑞祥指出了媒介技術發展促進了新聞文體與傳播形態的歷史變革。他認為除了社會民主政治、市場經濟和文化思潮外，新興的電報技術對客觀報導形成發生著直接影響。同樣，「倒金字塔」這一新聞文體結構方式，也與電報技術相關。[73]王潤澤持類似觀點，認為有線電報、無線電報、電話等信息傳輸技術本身對新聞信息的傳輸有積極意義。在各種現代通訊技術中，電報技術比較成熟，成為最重要的新聞傳輸手段，頗受各報館重視，尤其是新聞專電改變了中國新聞業的價值判斷，以往的「論說」開始讓位於成本相對比較昂貴的「新聞專電」，促成了中國政論報紙時代的完結。[74]李慶林指出，電報是第一個使人體運動與信息運動分離的發明，它使脫離語境的信息合法化。信息的價值不再取決於其在社會和政治對策的活動所起的作用，而是取決於是否新奇有趣。電報把信息變成了一種商品，一種可以置用處或意義於不顧而進行買賣的東西。而電話則佔據了家庭信息的入口，並

---

71 方漢奇：《中國近代報刊史》（太原市：山西人民出版社，1981年），頁57-58。

72 許正林：《中國新聞史》（上海市：上海交通大學出版社，2008年），頁66-70。

73 孫瑞祥：〈對傳播技術作用力的社會學認識〉，《北京理工大學學報》（社科版）2002年第3期。

74 王潤澤：〈技術、制度與新聞的互動〉，《國際新聞界》2007年第11期。

且在無形中打破了個體間適當距離的規則。因為媒介技術的介入，被傳播的經驗表現了對原始經驗的一種改進，這種人工的改進（編輯）產生了一種被扭曲的經驗，從而形成我們常說的「媒介環境」。[75]

其次，不少學者討論了晚清媒介技術發展對政府傳媒管理法規的影響。

孫藜在《晚清電報及其傳播觀念（1860-1911）》中，「首次在中國的歷史語境中，就電報技術與晚清社會、政治和文化的關係，做了有益探索，開闢了新聞傳播領域的一個新的研究面向，不僅比較生動、具體和全面地展示了晚清電報從『官督商辦』、『商股官辦』直至『收歸國有』的軌跡，同時也讓我們看到了在這中間所牽涉到的利益群體各自對於電報技術的看法和認識」。[76]

包羽在博士論文《洋務運動時期的電報技術》中指出，電報作為一項新興的事業，對清代原有的法律制度產生了不小的影響。這種影響從一個側面反映了這一時期電報技術與社會互動的具體情況。[77]黃繼光考察了電報技術發展和晚清「裁驛設郵」之間的關係：中國近代電報創辦初期，建立了龐大的電報網路，但骨幹是軍政事務通訊專線，以「官設官用」為主。在清代國家郵政官局開業後，「京中與通商各省一切公私文函亦可寄遞」，做到「京中各衙門與各省大憲互相通知一切事宜，或用郵局，或用電線，均稱甚便」。古老的驛傳體系逐步完成了歷史任務，「裁驛設郵」也在這個功能轉型過程中較為平穩、順利地實現了。[78]

---

75 李慶林：〈傳播技術塑造文化形態──一種傳播學的視野〉，《經濟與社會發展》2005年第7期。

76 孫藜：〈序〉，《晚清電報及其傳播觀念（1860-1911）》（上海市：上海書店出版社，2007年），黃旦：〈序〉。

77 包羽：《洋務運動時期的電報技術》（瀋陽市：東北大學博士學位論文，2006年）。

78 黃繼光：〈中國近代電報與「裁驛設郵」〉，《集郵博覽》2004年第8期。

　　王鶴亭和蘇全有認為，自從十九世紀六〇年代以來，西方各國為
了便於在華擴張，紛紛向中國提出設立電報的要求，清政府由於對國
際法的無知，缺乏領海權意識，只立足於陸地電信權的完整和堅持，
喪失了海上通信權和國際通信主動權。晚清後期，西方各國或施加外
交壓力，或強行、私自在中國沿海各口敷設海底電報，或違規收發電
報等，在中國沿海及內陸擴張電信利益，侵犯中國主權，不斷衝擊晚
清政府中外海底電報交涉的政策和原則。[79]田露汶指出，就在國外許
多地方已在享受電報這一新科技的方便和快捷時，晚清中國的郵驛，
已是臺站疲累、積久弊生。中法戰爭後，上至朝廷下至各方臣將，均
倍感電報的先進，很快電報、電線便縱橫全國，不僅運用於戰事，還
逐步走入民間。[80]

　　在傳媒制度的變遷當中，社會和政府的博弈是非常重要的一個環
節。在這博弈當中公共領域的形成與否影響深遠。很多研究成果嘗試
從媒介技術與公共領域發展的關聯性來探討媒介功能，劉增合、方
平、吳燕等人的研究在這方面具有一定的代表性。

　　劉增合的〈媒介形態與晚清公共領域研究的拓展〉一文在以往近
代中國公共領域研究的基礎上，從廣義媒介角度考察了近代中國社會
文化和輿論空間的擴張問題，論述了近代文化和精神系統對開拓公共
領域和市民社會問題研究的重要性，著重從大眾媒介和輔助媒介兩方
面入手，研究了它們與近代公共空間不斷擴張的有機聯繫。他認為，
晚清以降，封建皇權控制社會的力度逐漸鬆弛下來，作為「輿論之
母」和文化載體的民間傳媒，在型塑公共輿論方面理所當然地承擔起
傳承導控的職責。按照信息傳遞的標準來看，晚清社會基本上屬於一

79　王鶴亭，蘇全有：〈晚清中外海底電報交涉述評〉，《重慶郵電大學學報》（社科版）
　　2007年第3期。

80　田露汶：〈電報進入晚清朝廷〉，《紫禁城》2004年第6期。

種「前信息社會」，語義信息流轉的速度較慢，信息識別的能力較低，受眾文化層次不一。[81]

方平認為，公共領域是介於個人與政治國家之間的一個自主性社會領域。這一領域的孕育與發展，就其外部環境而言，需以社會與國家的分立為前提；就其內部體制建構而言，有賴於公共媒介的溝通與制度化。清末十年中，上海地區日趨繁盛的民辦報刊，作為一種非官方的大眾傳媒，在這兩個方面都發揮了積極的作用。民辦報刊改變了傳統的官民文化格局，在文化層面上加劇了國家與社會的疏離與對峙。一方面，民報以近代機器印刷業為技術支撐，使文化複製更加方便、快捷，從而在速度與數量上使文化的廣泛傳播成為可能。[82]

吳燕在〈晚清上海印刷出版文化與公共領域的體制建構〉一文中指出，作為一種非官方的公共媒介，晚清印刷出版文化的空前繁榮促成了民間文化的繁盛，加劇了政治國家與市民社會的分離；同時，中國傳統士大夫也隨著傳播媒介的商業化與工業化而逐漸轉變為具有獨立人格和價值觀念的新式知識分子；而租界特殊的政治格局則為印刷出版文化提供了批判專制國家的輿論空間。由此，晚清上海印刷出版文化所荷載的公共輿論呈現出獨立性、公共性、批判性等特點，對這一時期上海公共領域的體制構建產生了重要影響。[83]

再次，有不少成果分析了媒介技術發展給社會傳播習俗帶來的變化。

桑兵在〈清末民初傳播業的民間化與社會變遷〉一文中認為，大眾傳播媒介的發達，是近代社會變遷的重要動力和指標。經驗材料表

81 劉增合：〈媒介形態與晚清公共領域研究的拓展〉，《近代史研究》2000年第2期。
82 方平：〈清末上海民辦報刊的興起與公共領域的體制建構〉，《華東師範大學學報》（哲社版），2001年第2期。
83 吳燕：〈晚清上海印刷出版文化與公共領域的體制建構〉，《江海學刊》2004年第1期。

明，沒有教育、通訊、交通和大眾傳媒的普及發展，經濟增長不能直接作用於政治變革。清末民初，中國的大眾傳播業迅速發展，並呈現出鮮明的民間化態勢。作為經濟與政治的中介環節，這不僅促成政體形式由帝制向共和劇變，而且引起整個社會結構的連鎖反應。[84]

臺灣學者李仁淵的《晚清的新式傳播媒體與知識分子：以報刊出版為中心的討論》一書考察了自十九世紀中葉以來，西方的各種媒介技術與傳播形式對晚清中國發生了怎樣的影響和效果。在他看來，這一時段「在技術上有鉛印的西方技術的引進，在社會關係上媒體與各階層的關係都有所變動，在文化形式上，晚清傳播媒體展現的語言與意義結構與以往相比有強烈的意義」。[85]

楊師群在《中國新聞傳播史》中指出，傳教士將西方近代的新聞報刊觀念和技術傳入中國，開啟了中國人民間辦報的歷史，在一定意義上促成了中國民眾新聞事業的發端。中國雖然是世界上最早擁有報紙的國家，但其「邸報」只是皇家統治的工具，沒有任何現代新聞輿論的概念及其相關文化。外報以其自身的實踐告訴中國人，辦報可以自由表達自己的思想，發表各類文章，使中國人對此有了一個觀念上的革命。[86]

在新近出版的《中華印刷通史》中，張樹棟等人指出，近代印刷術是以機械操縱為基本特徵，採用機械、光學、電器、化學等新發明的先進科學技術研製出來的，較之中國傳統印刷術更為先進的工藝技術。它的傳入直接導致了中國印刷術及其印刷事業的迅速發展和重大變革。同時，由於印刷術是與文化出版事業息息相關的工藝技術，也

84 桑兵：〈清末民初傳播業的民間化與社會變遷〉，《近代史研究》1991年第6期。
85 李仁淵：《晚清的新式傳播媒體與知識分子：以報刊出版為中心的討論》（臺北市：稻鄉出版社，2005年），頁15。
86 楊師群：《中國新聞傳播史》（北京市：北京大學出版社，2007年），頁38。

由於它的傳入既是以宗教傳播為基本特徵的國際間的文化交流活動，又是西方殖民主義者向外擴張、侵略中國的工具，因此，它的傳入在促使中國近代印刷業發生重大變革的同時，對中國近代政治、經濟、文化也產生了深刻的影響。閭小波在《中國早期現代化中的傳播媒介》一書中，通過對中國早期現代化進程（甲午戰爭以前）中的傳播媒介的梳理和分析，考察了《時務報》在中國早期現代化進程中的作用與歷史地位，從而進一步揭示了大眾傳播媒介與近代中國社會的變革。[87]

在《晚清報刊與近代史學》一書中，劉蘭肖認為，隨著報刊的多樣化發展，它在近代初期所具有的單一功能也發生了變化，不再僅僅是發表政治主張、促進意識形態領域變革的武器，同時也成為文化交流與學術爭鳴的論壇。報刊的主辦者，往往既是新的政治思想潮流的領導者，也是新的學術思潮的宣導者。近代中國的科學文化，如果沒有各種報刊為之提倡傳播，那是不可想像的。[88]在《制度化儒家及其解體》一書中，干春松指出：「就傳播形式來說，以報紙和雜誌為代表的新的媒介的出現，不僅有了普適性的傳播方式，而且媒介以讀者需要為存在之本的特性使得它與傳統意義上的具有排他性和權威性的經典傳播系統大異其趣。」[89]

蔣寶林詳細考察了我國第一條向公眾開放的電報電路──津滬電報線的社會背景、創建過程和經營設備，並著重指出了津滬電報線建成的六點重要意義：第一，打破西方壟斷；第二，起到先導作用；第

---

87 閭小波：《中國早期現代化中的傳播媒介》（上海市：上海三聯書店，1995年）。

88 劉蘭肖：《晚清報刊與近代史學》（北京市：中國人民大學出版社，2007年），〈緒言〉。

89 干春松：《制度化儒家及其解體》（北京市：中國人民大學出版社，2003年），頁191-192。

三，促進信息交流；第四，改變信息觀念；第五，促進新聞事業；第
六，加強對外交流。[90]關於電報技術發展所受的阻礙，雷頤認為：當
把「順風耳」變成現實的「電報」在近代真的要來到中國時，卻遇到
了今人想像不到的巨大阻力，不僅沒有被當作明察遠見的「仙卿」，
反而被頑固派斥責為會污染中國文化、破壞中國國家「文化安全」的
「奇技淫巧」而遭到強烈抵制、反對。他進一步指出：近代中國的
「頑固派」不從技術層面論證、反對「新事物」，而是將是否應當興
辦電報、興修鐵路這種技術問題提升到道德和意識形態層面來否定新
事物的合法性，說明了泛政治、泛道德、泛意識形態傳統的深厚。[91]

印刷出版技術的發展對整個社會傳播習俗影響極大，諸多研究成
果可被視為對這一點的反映。早在一九三一年，淨雨就在《文華圖書
館季刊》第三卷第四期發表〈清代印刷史小紀〉一文，重點論述西方
印刷術的傳入、盛行和社會影響，其中對印刷術輸入中國後的發展情
況梳理尤為詳細。賀聖鼐的〈三十五年來中國之印刷術〉一文對印刷
術的種類及其在中國的發展狀況作了詳述，反映出中國近代出版業產
生、發展的大致過程。中華書局創始人陸費逵則在一九三二年七月的
《申報月刊》上撰寫了〈六十年來中國之出版業與印刷業〉一文，論
述了石印鉛印技術在中國的發展以及印刷與出版的關係。[92]

---

90 蔣寶林：〈我國第一條向公眾開放的電報電路──津滬電報線〉，《上海檔案》1993
年第1期。

91 雷頤：〈晚清電報和鐵路的性質之爭〉，《炎黃春秋》2007年第10期。

92 另外，二十世紀六○年代，張靜廬先生以一己之力、窮二十年之功輯注出版了中國
近、現代出版史料七卷，在《中國近代出版史料》（初編）（北京市：中華書局，
1957年），收錄了一八六二年清廷設立同文館到一九一八年「五四」運動前夕計五
十餘年間有關圖書、期刊的編譯、出版、印刷方面的史料三十一篇）和《中國近代
出版史料》（二編）（北京市：中華書局，1957年），收錄有三十九篇史料，時間從
一八九六年起到一九一八年止）兩卷中有不少史料反映了晚清出版印刷技術發展的
社會影響。二十世紀八○年代以後，相關研究更是日益增多，主要有張召奎著：

　　從廣義的角度而言，鐵路亦是媒介技術的一部分，而且由於鐵路和電報技術以及整個郵政系統（這兩者和當時新聞傳播活動的關係不言而喻）之間有著難以割裂的關係[93]，甚至可以說，在中國近代社會的轉變，思想的覺醒，經濟的發展以及政治的演進無不與鐵路問題相關。所以鐵路與晚清社會變遷的相關研究也能為本書的研究主旨提供側面佐證。[94]

《中國出版史概要》（太原市：山西人民出版社，1985／1991年版）、吉少甫主編：《中國出版簡史》（上海市：學林出版社，1991年）、張煌明編著：《中國出版史》（長沙市：武漢出版社，1994年版）、方厚樞著：《中國出版史話》（北京市：東方出版社，1996年）和葉再生著：《中國近代現代出版通史》（四卷本）（北京市：華文出版社，2002年）。

93 郵政必須借助鐵路之快捷、運量大、運費低廉；而電報則須借助郵政現成的網路與人力進行，電報雖然「瞬息之間，可以互相問答」，時效遠勝於文書傳遞，但電報終需投遞這一環節，所以晚清時出現「凡鐵路設站、電報設局之各處，均添設郵政官局」這一圖景也就不難理解了。另據詹姆斯‧凱瑞考證，電報技術最初就是運用於鐵路調度的。

94 姜益在〈鐵路對近代中國城市化的作用探析〉一文中從近代中國城市數量的增加、原有城市功能的變遷及人口向城市集中等幾個方面，探析了鐵路對近代中國城市所產生的積極作用和影響，認為：鐵路促進了人口的流動、城鎮人口的增加、市場的擴大，並導致近代中國一批新興城鎮的煽起。李光耀在〈近代中國農民對鐵路態度的變化〉中論述了近代中國農民對鐵路態度變化的軌跡，他認為鐵路在中國初興之時，遭到農民的反對；到了二十世紀初年，因鐵路作用的顯現，政府鼓勵商辦鐵路，農民轉向鐵路投資；到清末之時，農民為捍衛鐵路權益，投入保路運動。這種變化反映了近代中國農民對西方工業文明的認同過程，也反映了學習西方與反帝愛國的辯證統一。朱從兵在〈鐵路與社會經濟發展的關係〉中對鐵路與社會經濟發展的關係進行了理論探討，從多個角度的考察認為鐵路與社會經濟之間是一種雙向需要互動關係。李占才在〈鐵路與近代中國民俗的嬗變〉一文中利用地方志中的相關史料對此進行探討，認為鐵路在近代中國的出現和延伸引起民俗的嬗變、各地民俗心理的更新、禮儀風尚的進化、生活娛樂和習俗的變遷。另外主要的相關研究集中在宓汝成（《帝國主義與中國鐵路》）、金士宣和徐文述（《中國鐵路發展史》）、李國祁（《中國早期的鐵路經營》）、凌鴻勳（《中國鐵路志》和《中華鐵路史》、《詹天祐與中國鐵路》、《中國鐵路概論》）、王開節（《我國鐵路發展簡史》）、謝彬（《中國鐵道發展史》）、徐器（《中國的鐵路》）、曾鯤化（《中國鐵路史》）等人的研究當中。

　　儘管以上諸多研究成果為本書的討論奠定了深厚的基礎，但這些成果依然有值得進一步延展的學術空間。

　　首先，鮮有成果將技術對傳媒制度的影響作為討論對象。已有研究成果中討論媒介技術的居多，而且討論二十世紀誕生的媒介技術尤其是互聯網的佔了多數，數量不多的討論傳媒制度的文獻大部分也是聚焦於當下，缺少對史實的關注。而且，即使討論傳媒制度，大部分研究只是著眼於傳播體制、傳媒法制，只有少數關注到媒體機構的內部機制，更鮮有研究從社會文化史的視角討論傳播習俗，以期對傳媒制度有更完整的觀照。

　　其次，諸多相關研究對政治史、思想史的亦步亦趨，導致了新聞傳播研究本體意識和主體意識的缺位。分析視角和研究內容比較單一，討論問題較為分散，忽視了研究對象的系統特徵。相關研究往往只向人們提供一個其原因和結局都易於理解的進程，而對構成歷史趨向的特殊問題，那些偶然事件和一系列並非人為的機遇，卻寧願使其埋藏起來。也就是說，大部分相關研究是分散的「不同片段」，未能描述晚清媒介技術發展對傳媒制度影響的相對完整的圖景。

　　再次，關於晚清的傳播活動，現有文獻涉及領域雖廣，但以資料呈現和現象描述居多，討論不夠深入，前提假設與分析結論往往與史實有著較大距離，很少能夠釐清事情發展表象背後的深層邏輯線索。許多晚清傳播史研究由於和傳統中國政治思想史研究的過於同步常常出現傳統中國政治思想史研究同樣的弊端。

　　復次，在傳統的傳播學研究中，我們關注的只是傳播的內容，對媒介技術本身對人類社會結構、組織方式、生活形態的重要影響更多

相關資料主要集中在《鐵路奏摺》、《蘇杭甬鐵路檔》、《粵漢鐵路交涉秘密檔案》、《軌政紀要》、《蘆漢檔》、《中國鐵路借款合同彙編》、《交通史路政編》、《交通史總務編》、《申報有關鐵路資料擇錄》、《海防檔・鐵路》、《中國近代鐵路史資料》當中。

地只是經驗式的感悟，缺少系統的理論綜合和提升。許多研究往往只注意了各個時期的媒介宣傳報導了什麼以及是如何宣傳報導的，而忽略了媒介技術對傳媒制度的影響。雖然媒介技術與傳媒制度的互動格局已逐漸被認識，但已有的研究還缺少相應的理論規範，滯留經驗層面較多，更重要的是，這些研究將技術與社會完全割裂開來，沒有看到兩者共同演化的關係。很多文章持二元對立觀點，或者持制度決定論觀點，或者持技術決定論觀點。

最後，若想深刻把握晚清媒介技術對傳媒制度的影響，絕不能在觀念上把中國對西方的反應理解為是一體的。內地與沿海、一般城市與通商口岸、城市與農村的傳媒制度變遷上的差異是毋庸置疑的。而目前的相關研究對這一點明顯重視不夠，研究大多指向以上海等為代表的大都市或通商口岸。

鑒於此，本書力求在已有研究的基礎上繼續開展一些針對性的拓展和挖掘。

第一，在史實分析的基礎上進行理論辨析。「歷史學不專恃記憶，它本身也成為一種思維的方法」。[95]筆者查閱了大量關於媒介技術和傳媒制度的文獻，借鑒了國內外相關的資料和研究成果，使得本研究能夠在前人研究的基礎上思考問題。在史實分析的基礎之上，對晚清媒介技術發展和傳媒制度變遷的整體形勢和社會背景進行考察，解析晚清傳媒制度變遷的基本誘因、前提條件和影響因素，從而形成對媒介技術影響下傳媒制度的變遷較為系統的理論分析。本書採取一種年鑒史學所謂的「趨勢」（conjuncture）的視角，來檢證媒介技術發展對傳媒制度變遷的影響過程。比起考察短暫的事件史，拉長考察的時段能為我們提供一個更宏觀的基礎視野，同時更可能超越偶發性造成

---

95 黃仁宇：《中國大歷史》（北京市：生活・讀書・新知三聯書店，2005年），〈中文版自序〉。

的判斷失誤。這樣我們看到的就不再是割裂的晚清媒介技術發展與傳媒制度變遷的兩條線索，而是在活生生的歷史中發生的媒介技術對傳媒制度的影響史。

第二，借鑒制度經濟學的相關理論，不單從 media system 而是從 media institution 的角度出發界定「傳媒制度」的內涵，將傳媒制度分為媒體內部制度（包括內容生產機制和經營管理制度）和媒體外部管理制度（傳播法規），並將它們視為在傳媒運作過程中起約束作用的一整套規則，不僅包括正式的成文規則，也包括那些作為正式規則之基礎與補充的典型的非成文行為準則。在具體章節中，分別論述晚清時媒介技術發展對媒體內部制度（包括內容生產機制和經營管理制度）、媒體外部管理制度（傳播法規）和傳媒制度的形成環境（社會傳播習俗）的影響。試圖對晚清媒介技術發展和傳媒制度變遷的整體形勢和社會背景進行考察，解析晚清傳媒制度變遷的基本誘因、前提條件和制度創新的影響因素等，從而形成對媒介技術影響下傳媒制度的變遷較為系統的理論分析。

第三，在系統的動態分析方法框架下，結合社會建構論和創新的擴散等理論，既分析媒介技術對晚清傳媒制度的影響，亦從媒介技術的社會形成視角對媒介技術的制度選擇以至整個社會選擇展開分析。採用「問題導向」而不是「方法導向」原則，力求擺脫單純的「制度決定論」或「技術決定論」觀點，從媒介技術的社會建構視角入手，認為媒介技術是在特定社會結構下的社會行動中形成的。當然，社會對媒介技術的建構只是部分的，因為媒介技術具有「可塑因」與「不可塑因」兩部分。作為社會因素的一部分，傳媒制度自然也參與了媒介技術的社會建構過程。

第四，多重視角的比較研究。比較是認識事物的基本方法之一。沒有比較，就不能認識和區別事物，進行歸納，找到共性；沒有比

較，就不能確立認識的範疇，認識事物的特殊本質，找到個性。比較可以更好地把握事物之間的實質差異，廓清影響傳媒制度變遷的內在機理。同時，為了更好地對演繹結果進行驗證，也需要在不同背景下對事物進行比較分析。通過比較媒介技術和傳媒制度變化前後的不同情況，我們可以避免只從一個角度解釋的危險。基於此，本書採用了多重比較的視角：第一，縱向比較，以時間為維度，將研究對象嵌入在歷史進程當中，探討晚清傳媒制度變遷前後的差別，探討不同時期特定事物的演變或人們認識的變化；第二，橫向比較，以空間為維度，說明不同區域中某個特定事物的演化路徑。文中不僅關注了上海等大都市或通商口岸，也把目光投向了四川、西藏等中國腹地，以期對當時的傳播事業發展情況有一個相對更為客觀的認知；第三，交叉比較，從時空等多個維度對事物的發展進行比較。相對於縱向和橫向比較，交叉比較能更為全面地反映事物的演化規律。

　　第五，採取案例研究方法，希望最大限度地彌補比較研究方法可能的漏洞，力求發掘「一般知識、思想與信仰的歷史」進行佐證，因為它們真正構成了媒介技術和傳媒制度發展的基盤和底線。書中試圖從汪康年、包天笑、王韜、孫寶瑄、李鴻章等具有「私域」色彩的材料，以及《點石齋畫報》、晚清部分小說中尋找佐證，探求「一般知識、思想與信仰的歷史」背景下的媒介技術發展對傳媒制度變遷的影響。事物是複雜的，事物的演化取決於各因素的關係。關於媒介技術對傳媒制度的影響，也要探究演化的機理和效應，案例研究在一定程度上能做到這點，可以通過「解剖麻雀」來反映對象與因素之間的關係。

　　第六，要使新聞傳播學研究有所深化，只局限於新聞傳播本學科的知識結構是遠遠不夠的。這不僅需要拓展研究領域，也需要轉換觀察問題的視角。吸收相關學科的研究成果不僅是拓寬學術研究的必經

之路，也是孕育新觀點的契機。本書從社會文化史的視角探討媒介技術對傳播習俗的影響正是這方面的一個嘗試。事實上，傳播習俗並非只是傳媒制度的簡單附庸，探討媒介技術對傳播習俗的影響可以更完整地反映出晚清時媒介技術發展對傳媒制度變遷的推動。

第一章
晚清媒介技術的革命性發展

　　人類傳播活動必須以可供參與的物質條件的存在為前提。在口頭和書寫傳播時代，說話的發音器官和書寫工具決定了傳播的形態，也深深影響了社會行為的模式，或許「不能真正分開傳播手段和傳播關係，它們在一起組成傳播模式」。[1]人類發展史也是媒介技術發展史。媒介技術的發展使得人類處理信息的能力越來越強，世界面貌越來越新。[2]人類一直在為尋求更及時、更有效和更生動的信息傳播方式而對媒介技術不斷加以改進，媒介技術的不斷發展也導致了傳播形式的更新重疊，拓展著人類的生存時空。

　　正如麥克盧漢所言，「電力技術實際上是中樞神經系統的延伸，好像是覆蓋全球的一張膜」[3]，「電力傳播使萬物恢復到一個無所不包的此在（an inclusive present）。新技術使人人相互聯繫，它是我們神經系統的延伸，它把原始社會的形象轉換為一種普適的背景，這種背景把過去的一切外觀埋葬起來」。[4]由於西方近代印刷技術的引進，加上電力和蒸汽動力的使用，晚清的媒介技術取得了革命性突破。這種

1　陳衛星：《傳播的觀念》（北京市：人民出版社，2004年），頁14。

2　當然，所有重要的發明和發現都或多或少地改變了人們的生活狀況，但不可否認的是，有少數發明和發現對人類文明史進程而言卻是至為關鍵的，比如印刷術、電報、電視、互聯網等，相應的我們應該給予其更多關注。

3　馬歇爾‧麥克盧漢撰，何道寬譯：《麥克盧漢精粹》（南京市：南京大學出版社，2000年），頁144。

4　馬歇爾‧麥克盧漢撰，何道寬譯：《麥克盧漢精粹》（南京市：南京大學出版社，2000年），頁133。

突破對晚清的價值觀念、社會文化和社會結構造成了深刻的影響。那麼，晚清時媒介技術究竟取得了哪些新的突破？本章即嘗試對這一問題進行簡要回答。

當然，在剖析晚清媒介技術的突破之前，先簡要勾勒出晚清以前一些重要媒介技術的發展輪廓，以期比較之下能對晚清媒介技術發展情況有更為清晰的認識。

第一節　晚清以前媒介技術發展簡述

在一個完整的信息傳播系統中，傳播媒介擔負著重要的作用。它承載、傳遞信息能力的大小，在很大程度上決定著傳播活動的整體流程。雖然依靠大眾媒介的新聞傳播活動只是近代的事情，但人類的傳播活動早就有之。在語言發展成為系統的傳播符號之後，文字也出現在人類的傳播活動中，使傳播由聽覺擴展到視覺，原有的建立在語言媒介基礎上的信息傳播世界得以大範圍擴展。較之語言媒介，書寫媒介突破了傳播活動中時空條件的限制，具有易保存、歧義少、範圍廣等優點，使傳播活動具備了異域性和異時性。

在印刷術發明之前，人類遠距離的信息溝通主要靠手抄傳播。手抄傳播速度慢，而且也極易出錯。紙的出現大大降低了信息傳送的成本，為傳播活動帶來了很大的便利。而印刷術的發明、改進更是加速了傳播活動的發展，為人類文明作出了重大貢獻。驛傳系統和民間信房傳遞技術的不斷改進，則對信息在全國範圍內的傳遞提供了時間和空間上的保障。

一　從印刷技術到印刷術

　　人類的歷史，大部分賴於文字記錄才保存至今。「中國人對於思想與活動的記載方式和技術，在世界文化發展史上，自有其特殊的地位。譬如現代世界上通行的書籍和讀物，其基本特質是將文字用黑墨印在白紙上。在製作材料和生產方法的演進中，中國的貢獻可以說是最基本也是最重要的」。[5]

　　正如西諺所云，「Printing, the mother of progress！」印刷術對世界文明的發展具有重要意義。作為原始傳播媒介，語言的產生可以歸結為人類適應自然的一種生態需要，多少帶有些自發和被動的意味。而印刷物的出現是技術進步結出的碩果，更多源於人類的自覺和主動。

　　任何重大發明都不可能一蹴而就，印刷術亦如此。正如錢存訓先生所指出的：「上自公元前十四世紀，今日所見最早的中國文字起始，以迄公元七百年左右，即印刷術發軔時期。這二千多年是中國文字記錄和書籍發展的濫觴時代，所有的各種書寫材料、內容、記載方法、編排，以及若干中國書籍所特有的形式，皆於此時期逐漸形成。印刷術發明以後，這些特色乃被繼承，成為中國典籍和文化傳統的重要部分。印刷術的發明是書籍發展史上的一個里程碑，但它只是改變了生產的方法和增加了產量，至於書籍的實質、內容和形式，與採用印刷術以前都沒有重大的分別。」[6]從甲骨、金石、竹帛，到紙寫本、雕印本、活印本，再到機械複製本……印刷技術的每次變化都對中國古代社會信息的流通產生了重大影響。

　　這裏還要交代一下「印刷技術」和「印刷術」在本書中的區別。

5　錢存訓：《書於竹帛》（上海市：上海書店出版社，2006年），頁1。
6　錢存訓：《書於竹帛》（上海市：上海書店出版社，2006年），頁5。

從字義分析，在承載物上施以痕跡謂之印，塗擦謂之刷，所謂印刷技術就是用刷塗、捺拓、拍壓等方法著痕跡於其它物體。而印刷術是指運用雕版或者活版技術大規模複製的技術。從簡單的印刷技術發展能夠大規模複製的印刷術必須具備三方面的條件：一是刻印器械；二是紙墨等物質條件；三是掌握反文印刷等原理。古代的印章和拓印技術可被視為雕版印刷的雛型，「由反體取得正文的原理，是中國人最早設想的一種巧妙構思」。[7]

印刷術在中國的發展與宗教息息相關。隋唐時期佛教在中國異常興盛，從而也引發了對佛教典籍的大量需求。《妙法蓮華經》、《金剛經》等佛經不僅宣稱佛經教義，還鼓勵人們書寫持誦佛經以求福祉回報。信仰這種因果報應的不少人便對佛經進行擴寫，以「抄書為業」的經生與傭書也相應而生。然而，手寫畢竟是費人費力的活動，人們對更為便捷的複製技術的渴望不言而喻。同時，佛教徒還非常追求偶像崇拜，他們不僅需要複製經文經咒，更迫切需要將圖像複製下來，以達到圖文一致的效果。為完成這一任務，佛教徒們進行了各種各樣的嘗試與探索。[8]

除了佛教和印刷術的勾連外，亦有論者指出，道教對我國早期的雕版印刷術也作出了重要貢獻，主要表現在兩個方面：一是東晉時期的道教徒使用的符咒之印使得我國傳統印章的雕刻工序向雕版印刷的雕刻工藝過渡的兩個障礙[9]得到突破，從而為雕版印刷術的發明奠定

---

7 錢存訓：《書於竹帛》（上海市：上海書店出版社，2006年），頁7。

8 現存《金剛經》所用的捶拓與印章便是雕版印刷的結果，七世紀前期出現的佛像雕印是雕版印刷術的最初形式，八世紀出現的經咒印本表明了雕版印刷術的長足進步，而九世紀出現的圖文並茂的整部佛經《金剛經》印本更加說明了雕版印刷術的日臻成熟。

9 雕刻印刷是我國印刷術的最早形式，是印章蓋印和拓石兩種方法的結合和逐步演變，所以印章和拓石為印刷技術的發明準備了技術條件，是印刷術發明的先驅。拓

了技術基礎；二是在晚唐五代時期，道教徒雕版印刷了大量的道教典籍，從而為我國初期的雕版印刷術走向成熟做出了貢獻。雕版印刷術的發明帶來了傳播方式的革命，書籍的大量複製成為可能，思想文化得到更快捷、更廣泛的傳播。

在敦煌發現的唐咸通九年（公元868年）本《金剛般若波羅蜜經》（簡稱《金剛經》）是現存有紀年的最早雕版印本，其經文扉畫刻印具精，是雕版印刷在唐朝已經成熟的實物證據。而五代馮道刻《九經》，歷時二十二年，為我國官刻之始，開大規模刻印之先河。不過，正如沈括在《夢溪筆談》中所指出的，「雕版書籍，唐人尚未盛為之」。雕版印刷雖是我國隋唐以來的一大發明，但宋代才是書籍傳播由寫本向印本全面轉化的時期。個中可能有兩個原因：一是唐代適合大批量複製的印刷物並不是很多[10]；二是當時印刷技術尚未成熟，正如唐代柳玭在《忠訓》〈序〉中所言，「雕版印紙，浸染不可盡曉」，存在字跡漫漶，模糊不清的狀況，這也在一定程度上限制了印本書籍的傳播，尤其是儒家經典的製作是十分鄭重的，不容墨影漫漶的現象出現。[11]自唐代初期至晚清約一千三百年間，中國一直以雕版印刷為主。

印術東漢熹平年間即已出現，也就是說東漢時期我國就已經具備了相關技術條件，那為何在幾百年後才出現雕版印刷術呢？王小蓉認為，因為傳統的印章在雕刻工序方面存在著向雕版印刷工藝過渡的兩個障礙：一是印章雕版的材質一般是石頭，比雕版印刷所用的木材要硬得多，難於大量雕刻；二是印章的面積很小，不便用於雕刻有大量文字的書籍。參見王小蓉：〈道教與我國早期雕版印刷術關係淺探〉，《宗教學研究》2005年第2期。

10 比如，需求量很大的數書、小學這些印刷物，在唐代雖已出現，但並未大規模地採用雕版印刷，採用雕版印刷最多的主要是曆書、佛像、佛經等，所以可以說唐代還是寫本時代。

11 清颱：〈媒介技術的發展與宋代出版傳播方式的變革〉，《浙江大學學報》（人文社科版）2001年第5期。

　　如果說雕版印刷是一種單純、保守的文化複製方式，那麼活字印刷則是複製和更新相結合的一種傳播手段，一定程度上鼓勵了新思想新文化的傳播。[12]不過遺憾的是，儘管活字印刷技術早在宋朝即已出現，但在漫長的時間裏它始終未能成為我國書籍印刷的主流，倒是在歐洲率先成為主流傳播手段——藉此，歐洲諸國揚起文藝復興的大旗，拉開了世界近代科學技術革命的序幕。活字印刷帶來的絕不僅是一種快速複製書籍的方法，更是提供了一種便利的大眾傳播媒介手段，加快了文化知識的積纍與傳播，並打開了西方人的眼界，從而「徹底地改變了西方文明」。[13]培根（Bacon）在歐洲活字印刷術發明了大約一個半世紀以後曾格言式地宣稱「我們還該注意到發現的力量、效能和後果。這幾點是再明顯不過地表現在古人所不知、較近才發現、而起源卻還曖昧不彰的三種發明上，那就是印刷、火藥和磁石。這三種發明已經在世界範圍內把事物的全部面貌和情況都改變了」。[14]
但我國直到明代，官報才在形式上取得了重大發展——「邸報」改用活字印刷。邸報的活字印刷是我國媒介技術發展的重要一步，也是世界新聞傳播史上的大事件。「這一變化所體現的不僅僅是一種技術的變更，更說明報紙在此時的讀者增多，需求量增大。這在新聞傳播史上是一件很重要的事」。[15]當然，並不是自明代起邸報全部採用活字印刷術了，之後還一直是抄寫與印刷形式並存。

　　回顧歷史，可以說經濟的發展和文化的進步造就了印刷術的社會

12 肖三、王德勝：〈從傳播技術視角解讀文化的發展——兼論李約瑟難題〉，《科學技術與辯證法》2005年第2期。

13 比爾・蓋茨撰，辜正坤主譯：《未來之路》（北京市：北京大學出版社，1996年），頁11。

14 培根撰，許寶騤譯：《新工具》（北京市：商務印書館，1986年），頁103。

15 方曉紅：《中國新聞史》（南京市：南京師範大學出版社，2004年），頁15。

環境和客觀需求：陶器的製作中孕育了圖形印刷技術；金屬冶煉中出現了鑄造製模技術；繪畫和雕刻完善了印版的製作技術；紡織和造紙技術的發展不斷發明出新的承印物；墨和顏料的生產則為轉印材料的發展奠定了物質基礎。

二　造紙術

紙質媒介，主要是以文字為符碼來反映現實的。其白紙黑字一方面增加了其傳遞信息的清晰度；另一方面也增加了對信息進行再次求證的可能。[16]和口耳相傳相比，文字記錄便於保存而且富於邏輯的優越性不言而喻。「紙的消費常常被看作是一個民族進步程度和文化水準的標誌」。[17]中國古代傳播的一個重要特徵是書面化，對書面形式的利用超過任何一個國家。[18]民族文化的興衰存亡，固然有多種原因，但同它的文化傳播及文化積纍方式分不開。中華民族文化之所以成為世界上唯一不曾中斷過的具有悠久歷史的傳統文化，是和中國文化特有的傳播方式密切相關的。[19]

在世界各民族，人們都在為尋找適合文字記載的介質而孜孜努力。在國外，文字主要記在埃及莎草、羊皮紙或貝多羅葉上；我國古代則主要利用龜甲、獸骨、金石、竹簡、木牘、縑帛等材料。殷商以甲骨刻字為主，也有的刻在青銅器上，形成鍾鼎文。周代主要用銅器鑄字或刻字記事。春秋、戰國時期常用竹簡，間或使用縑帛。[20]我國

16　孫發友：〈傳播科技發展與新聞文體演變〉，《現代傳播》，2004年第1期。

17　Tom Bolton：《紙》（北京市：中國海關出版社，2002年），頁8。

18　孫旭培：《華夏傳播論》（北京市：人民出版社，1997年），頁31。

19　沙蓮香：《傳播學──以人為主體的圖像世界之謎》（北京市：中國人民大學出版社，1990年），頁85。

20　一九五七年，在西安市郊的灞橋出土了公元前二世紀的紙，這些紙的原料主要是大

小篆裏就已出現「紙」字，這說明早在秦代就有了關於紙的說法。

秦漢之際，以次繭作絲綿的手工業十分普及。其製作過程是把煮過的蠶繭鋪在席子上，浸到水中敲打，在敲打過程中蠶繭中的膠質會混雜一些碎絲附著在席子上，取下絲綿之後，這些留在席子上的殘絮經晾乾就形成薄薄的絲綿片，古時稱之為「赫蹏」，其書寫功效類似於帛。這些可能給人們發明造紙術以直接的技術上的啟示。這種叫「赫蹏」的薄片如果僅僅停留在絲綿加工中，那它充其量只是絲織技術的副產品。也就是說，紙的出現還需要強大的社會需求加以推動。秦漢之後，大一統的國家需要盡快傳遞中央政府的各項指令，因此由掌管皇家工廠的尚方令蔡倫[21]來完成造紙術的改進[22]，也就不足為奇了。

紙的出現增強了信息傳播的準確性，大大減少了傳播過程中的信息誤差。正如古語「口說無憑，立字為據」所言，文字成了人們最為

麻和苧麻。這是世界上最早的植物纖維紙，史稱「灞橋紙」。二十世紀七〇年代，在甘肅居延的肩水金關漢代遺址中，再次出土了公元前一世紀的麻紙。由此可見，早在西漢時中國人就已發明了造紙術。不過早期的西漢麻紙還比較粗糙，不便書寫。

21 據《後漢書》卷七十八〈宦者列傳第六十八〉記載：「蔡倫字敬仲，桂陽人也。永平末始給事宮掖，建始中，為小黃門。及和帝即位，轉中常侍，豫參帷幄。倫有才學，盡心敦慎，數犯嚴顏，匡弼得失。每至休沐，輒閉門絕賓，暴體田野。後加位尚方令。永元九年，監作秘劍及諸器械，莫不精工堅密，為後世法自古書契多編以竹簡，其用縑帛者謂之為紙。縑貴而簡重，並不便於人。倫乃造意，用樹膚、麻頭及敝布、魚網以為紙。元興元年奏上之。帝善其能，自是莫不從用焉，故天下咸稱『蔡侯紙』。」從這段簡介中我們也可以發現蔡倫的成功絕非偶然：因為從「暴體田野」可知他經常參加農業勞動，從「監作秘劍及諸器械，莫不精工堅密」可見他具有高超的製作技能。

22 蔡倫對造紙術的改進具有非常重要的意義：一是形成了新的原料來源，而且成本較低，破布、破網等皆可變廢為寶，至於用樹皮做原料更是開近代木漿紙製作之先河；二是原料的物理性能相對較穩定，批量生產時維持相對類似的品質；三是便於運輸和存貯；四是技術上的革新，造紙術經蔡倫改進後形成了較為定型的工藝流程。漢以後雖然造紙工藝不斷完善，但四個步驟基本相似，即使現代的濕法造紙生產工藝仍與其相似。

信任的信息符號。和印刷術的發明一樣，造紙術的發明既是傳播科技史上的一次飛躍，也是整個世界文明史上的一大盛事。「從此信息傳播不僅超越人際間口頭傳播的方式，而且超越了笨重的竹簡、昂貴的縑帛與筆墨相結合的手抄傳播方式，出現了印刷傳播，從而使傳播範圍更廣，效率也大為提高」。[23]

漢以後造紙術繼續發展。三國時出現了用稻草制的草紙、用木材造的穀紙和用舊魚網造的網紙。魏晉南北朝時期出現了以藤為原料的藤紙，工藝技術日趨精細，原料也趨於多樣化。並採用簾床設備撈紙，既提高了工效，又使紙張有了一定規格，便於運輸、貯藏、書寫、裝訂。唐代竹紙的問世，表明造紙技術已相當成熟。兩宋時，紙與筆、墨、硯一起被列為「文房四寶」，成為讀書人生活中不可或缺之物[24]，宋代的竹紙品種多樣，單是上品就有「姚黃」、「學士」、「邵公」三種。明清的宣紙瑩潤如玉，達到了極高的工藝水準。

但總的來講，「關於印刷術對人的感受力的影響所作的明確的評論和瞭解，實在是寥若晨星」[25]，中國歷史上眾多的史學家對造紙術和印刷術的發明似乎仍不夠重視，以致在所見的歷史文獻中相關的具體記載、描述和評價甚少，甚至連這些發明的「專利權」屬於誰、具體產生於什麼時間都還有爭議。[26]漫長的歷史上，造紙術和印刷術的作用和意義都沒有得到充分認識和肯定。

---

23 吳廷俊：《科技發展與傳播革命》（武漢市：華中科技大學出版社，2001年），頁64。

24 當時甚至還出現了專門討論紙的優劣的著作，如蘇易簡的《文房四譜》、米芾的《十紙說》。

25 馬歇爾・麥克盧漢撰，何道寬譯：《理解媒介——論人的延伸》（北京市：商務印書館，2000年），頁219。

26 關於印刷術的起源時間，蕭東發認為有足夠的證據可以證明中國的印刷術始自六至七世紀之交。參見蕭東發：《中國圖書出版印刷史論》（北京市：北京大學出版社，2001年），頁45；張秀民綜其犖犖大端，總結出六種不同的觀點，即東漢說、晉代說、六朝說、隋代說、唐代說、五代說。

三　驛傳系統

在一個專制主義中央集權高度發達的國家，權力中心運轉狀況是政治控制目的能否實現的關鍵因素，直接關係到國家的興衰。正如孔飛力（Pilip A. Kuhn）所指出的，「一個政府的有效運作取決於對信息流動的仔細掌控」。[27]信息傳遞的功能和目的是消除不確定性，通過信息傳遞，接受信息者可以瞭解信息發送者的狀態、行為、屬性、需求等，為實現政治控制做好準備。所以在政治控制中，信息傳遞是否迅捷與通暢是一個關鍵問題。

古代驛傳系統[28]作為政治信息傳遞的載體，與各種公文制度共同構成政治信息傳遞系統，為實現政治控制的目的提供條件，在政治和軍事生活中具備重要作用。驛傳系統是以驛站為主的信息傳遞方式的總和。從功能上講，驛傳系統集官員接待、文報傳遞、物資運輸於一身。從信息傳遞的角度來說，官員出行可以看作信息傳遞的特殊方式，交通運輸在很多情況下也能被視為信息傳遞的結果。作為一個體系，它還包括驛站以外的臺、站、塘、鋪等信息傳遞組織。[29]

驛傳自西周始，秦王朝的中央集權下發達的交通、書同文、車同軌促進了溝通全國的驛傳系統的建立。漢初將周秦廣義的「郵」改稱為「置」，到漢武帝前後，文獻中正式出現「驛」。以後各代對驛傳均

---

27 孔飛力撰，陳兼、劉昶譯：《叫魂——1768年中國妖術大恐慌》（上海市：上海三聯書店，1999年），頁169。

28 之所以稱「驛傳系統」而不採用「郵驛」、「郵傳」等說法，是因為中國古代的「郵」一般專指為傳達官方政令與文報而建立的通訊方式，是比較純粹意義上的國家通訊。直到近代郵政才接受私人通訊與私書傳遞，以民間信息傳遞作為依託，而不再是單純的國家通訊。

29 劉文鵬：《清代驛傳及其與疆域形成關係之研究》（北京市：中國人民大學出版社，2004年），頁1。

相當重視，有關法律制度嚴密完備、館驛傳遞多種多樣、驛路水陸相兼四通八達，均為了保證信息傳遞的迅速、準確和安全。如唐朝在全國設驛一千六百多處，其中陸驛一千兩百多處，水驛兩百六十多處，水陸兼辦的八十多處，形成傳遞官文書的龐大通信網。[30]元時，驛傳之制最為發達，有站赤，有急遞鋪。[31]

驛傳系統從它產生的那一天起，就與王權政治的四處延伸互為表裏，王權所及，驛傳必定跟隨而至；驛傳所到之處，也意味著王權統治的建立。況且孔子又有置郵而傳命之說，使後代的統治者在發展驛傳系統的實踐上更是爭先恐後，趨之若鶩。「皇華天使往來其間，朝貢述職，奔趨其道，絡繹不絕」。[32]

驛傳的正常運轉是保證中央與各地方之間信息傳播的必要條件，唯有通道通暢，才能使得中央對地方的控制猶如身之使臂、臂之使手般自如。如果驛傳壅滯，統治者則政令不暢，難以號召地方。宋代吳昌裔在講到當時京城與四川之間的驛遞弊病時說：「近年以來，舊規紊廢，軍中之遞，不以報邊警，而但為交賄之驛。川中之遞，不以通脈絡，而徒為寄書之郵。」[33]在幾千年的時間中，中國古代驛傳系統形成了比較完備的組織與制度，具有官員接待、文報傳遞、物資轉運三項功能。

---

30 詩人岑參在〈初過隴山途中呈宇文判官〉一詩中曾這樣描寫：「一驛過一驛，驛騎如星流。平明發咸陽，暮及隴山頭。」

31 站赤是驛。急遞鋪是郵。站赤，有陸站，有水站。陸站，用馬，用牛，用驢，或用車，或用轎，或徒步，而遼東又有用狗者。水站，用舟。准予發給驛傳的璽書，叫作鋪馬聖旨；通軍務急時，以會字圓符為信，銀字者次之。官有驛令，有提領。又有所謂脫脫禾孫者，置於關會之地，以司辨詰，俱屬於通政院和中書兵部。參見白壽彝：《中國交通史》（插圖珍藏本）（北京市：團結出版社，2007年），頁171-172。

32 錢振龍纂修：（康熙）〈隆昌縣志〉，卷2，收入仇潤喜、劉廣生：《中國郵驛史料》（北京市：北京航空航太大學出版社，1999年），頁398。

33 吳昌裔：〈論救蜀四事疏〉，卷2，收入仇潤喜、劉廣生：《中國郵驛史料》（北京市：北京航空航太大學出版社，1999年），頁264。

　　總的來看，中國古代社會媒介技術發展情況遠未被重視，即使在中國當下的新聞傳播研究領域中，對中國古代媒介技術發展的考量也處於低度開發的境域。這種狀態使得媒介技術遲遲無法成為檢視中國古代新聞傳播活動的著力焦點。

第二節　晚清媒介技術的革命性發展

一　印刷術的劇變營造出新的出版文化生態

　　儘管活字印刷術在中國出現很早，但遺憾的是，在中國古代社會活字印刷術長期未能成為主流，也未被真正應用到新聞傳播活動中去。[34]不過時至晚清情況卻發生了巨大變化，出版業「經歷了從來沒有過的大發展」。[35]

1 印刷速度

　　首先我們看到，印刷速度在晚清有了明顯的提升。如戈公振先生所言，「咸同間，始多鉛印，但印機甚陋，每小時只印一二百小紙；光宣間，石印機與鉛印機輸入日多，報紙每日可出數千大張」[36]，大的石印機構能夠「四五部印刷機同時開印，並且每部機器能夠印出更多的頁數」。[37]

　　在上海，文人們最早親眼看到的大機器，除了輪船輪機以外，應

---

34 據《北京圖書館善本書目》統計，所錄歷代善本一萬一千多部中活字印本只有一百五十餘部，不到總數的百分之一點五。

35 王建輝：《出版與近代文明》（開封市：河南大學出版社，2006年），頁1。

36 戈公振：《中國報學史》（北京市：讀書・生活・新知三聯書店，1955年），頁357。

37 張靜廬輯注：〈上海石印書業之發展〉，《中國出版史料補編》（北京市：中華書局，1957年），頁88。

當就是墨海書館的印書機器。墨海書館是英國傳教士麥都思（Walter Henry Medhurst）在上海開埠時設立的新式印刷出版機構。該館用機器印刷書籍，以牛為動力。這種不同於中國傳統手工的印書機器，吸引了中國讀書人的興趣，在江浙士林中傳為奇談。[38]其使用的印書車「以鐵製印書車床，長一丈數尺，廣三尺許，旁置有齒重輪二，一旁以二人司理印事，用牛旋轉，推送出入。懸大空軸二，以皮條為之經，用以遞紙，每轉一過，則兩面皆印，甚簡而速，一日可印四萬餘紙」。[39]

王韜的父親在墨海書館初創時即在此助西人譯書，王韜初次來滬，就在墨海書館親眼看到了機器印書的情景，並為之驚歎不已。他寫道：「時西士麥都思主持『墨海書館』，以活字板機器印書，竟謂創見，余特往訪之。……入其室中，縹緗插架，滿目琳琅。……後導觀印書，車床以牛曳之，車軸旋轉如飛，云一日可印數千番，誠巧而捷矣。書樓俱以玻黎作窗牖，光明無纖翳，洵屬琉璃世界。字架東西排列，位置悉依字典，不容紊亂分毫。」[40]

因此，墨海書館的機器印書房，成了來滬的文人學士爭相往觀的一處奇景。目睹西洋印書機器後，遊之者無不嘖嘖稱奇，或歎為妙絕，或歎其機輪巧妙，不少人還揮毫寫下了詠歎的詩文，比如「車翻墨海轉輪圓，百種奇編宇內傳。忙煞老牛渾不解，不耕禾隴種書田」。[41]

蒸汽機更為媒介技術的發展插上了有力的雙翼。《北華捷報》一八八九年五月二十五日在一篇題為「中國的石印業」的報導中，就說

---

38 李長莉：《晚清上海社會的變遷：生活與倫理的近代化》（天津市：天津人民出版社，2002年），頁43。

39 王韜：《瀛壖雜誌》（上海市：上海古籍出版社，1989年），頁118-119。

40 王韜：《漫遊隨錄‧扶桑遊記》（長沙市：湖南人民出版社，1982年），頁51。

41 王韜：《瀛壖雜誌》（上海市：上海古籍出版社，1989），頁119。

「石印使用蒸汽機,已能使四五部印刷機同時開印」,上海則是中國「最早採用蒸汽機印刷的地方」。[42]該報一八九二年十二月二十三日的「杭州通訊」中也有類似記載:「本城使用蒸汽機的石印工廠,是我最近看到的一樁新鮮的事情。」這位通訊員還曾到一家這樣的石印廠參觀,看到「他們有印刷機兩臺,由一臺小發動機發動」。[43]一八九三年,同文書局失火,「廠中有發動機、鍋爐與印刷機,全部焚毀,估計損失約一萬五千元」。[44]蒸汽機這樣的先進技術的廣泛使用,不僅觸發了人們觀念的變化,也為報刊出版向工業化大生產方式過渡奠定了基礎。

一八九七年在上海創辦的商務印書館引進了世界先進的凸印、平印、凹印等設備和技術,同時還開辦鐵工廠仿製各種印刷機械,甚至能做到「日出一書」。[45]上海印刷業於一八九八年始用日本仿製的歐式回轉印機,印刷工效大為提高,一九〇六年開始使用華府臺單滾筒機,每小時可印一千張。一九〇八年商務印書館起用鉛版印刷機代替石版,每小時可印一千五百張左右。

2 印刷數量

申報館一八八二年翻印了《康熙字典》,印製精美,定價合理,先後印行兩次共計十萬部,銷行數量可能為當時之最。一八八四年起申報館專設上海圖書集成印書局,用活字版印刷《古今圖書集成》,歷時四年告成,共一千六百二十八冊。

---

42 孫毓棠:《中國近代工業史資料》(第一輯)(北京市:科學出版社,1957),頁1008-1009。

43 孫毓棠:《中國近代工業史資料》(第一輯)(北京市:科學出版社,1957),頁1010-1011。

44 孫毓棠:《中國近代工業史資料》(第一輯)(北京市:科學出版社,1957),頁1006。

45 閔大洪:〈對傳播技術的發展和作用多寫幾筆〉,《新聞與傳播研究》1994年第1期。

一八八〇年，在江南製造局翻譯館譯書時間最長、譯書最多的傅蘭雅在總結該館成就時指出：近十年間共譯出書籍九十八種，計兩百三十五冊，每冊約六十至一百頁，共出售三千一百一十一部，合計八萬三千四百五十四冊。此外還用銅版印刷地圖、航海圖二十七種，售出四千七百七十四張。[46]這樣的印刷數量在晚清以前是無法想像的。

3 印刷品質

從印刷術角度看，石印與鉛印都屬於中國以外的印刷傳統。這兩種印刷技術在品質上都比中國傳統的印刷技術更勝一籌。

就石印技術而言，其忠於原作的特性使得畫面的精準複製成為可能，據黃式權《松南夢影錄》記載，「石印書籍，用西國石板，磨平如鏡，以電鏡映像之法，攝字跡於石上，然後傅以膠水，刷以油墨，千百萬頁之書不難竟日而就，細若牛毛，明如犀角」[47]，石印之術不僅快速，而且避免了描摹雕刻過程中的變異，蠅頭小字筆劃清楚，印出來的作品纖毫畢具，能把畫家的細緻筆觸與恢宏場景逼真再現，自然遠勝雕版，因此帶來了畫報和石印書籍在晚清的繁榮。九〇四年，文明書局始辦彩色石印，雇用日本技師，教授學生，始有濃淡色版。其印刷圖畫，色彩能分明暗，深淡各如其度，殆與實物彷彿。[48]此後，彩色石印技術大量運用於小說書籍的封面製作。

從鉛印技術來看，在凸版印刷中，紙型可以多打幾副，印刷一定次數就更換，大大保證了印刷的品質。凹版印刷的顯著特點就是印刷精美，圖文並茂。晚清最早的科技期刊《格致彙編》即用此法印成，

---

46 傅蘭雅：〈江南製造局翻譯西書事略〉，張靜廬輯注：《中國近代出版史料初編》（北京市：中華書局，1957年），頁21-25。

47 張秀民：《中國印刷史》（上海市：上海人民出版社，1989年），頁579。

48 賀聖鼐：〈三十五年來中國之印刷術〉，張靜廬輯注：《中國近代出版史料初編》（北京市：中華書局，1957年），頁271。

其中不少插圖用「銅板鏤鐫精細」，在當時的出版物中還不多見，使
讀者感到耳目一新。申報館採用鉛字和機器印刷相結合排印了《申報
聚珍版叢書》。鉛字比起木製雕版字體要小得多，但同時清晰度也高
得多，更便於攜帶和閱讀。《申報》創辦人安納斯脫‧美查（Major）
甚至還在報上發表了題為〈鉛字印書宜用機器論〉的社論，鼓動江南
地區的書商們購買新式印刷機器。

　　相較而言，石版與鉛版印刷的紙張容易受潮而伸縮率高，光緒初
年在我國已經出現的珂羅版印刷解決了這一難題。上海徐家匯土山灣
印刷所的「聖母」等教會圖畫印刷品就是珂羅版的。後來商務印書館
在一九〇七年使用彩色珂羅版印刷就更加精美了。[49]

4 印刷版料

　　儘管晚清的首批中文近代報刊是木板雕印的，但很快就出現了石
印和鉛印，「嘉道間，報紙多木板印刷；咸同間，始多鉛印……光宣
間，石印機與鉛印機輸入日多」。[50]

　　石印是指以石頭為製版材料的平版印刷術。其主要方法是用藥墨
將文字寫在藥紙上，再將藥紙上的字跡移置到石板上，然後滾刷油墨
便可把字印在紙上。早在鴉片戰爭前石印技術即已傳入中國，譬如一
八三八年創刊的《各國消息》即為石印。由於石印技術對印刷品質和
數量的保證，價格自然低廉，而且印刷時又可隨意縮小，方便舟車攜
帶，傳入後受到國人的熱烈歡迎，為信息走向大眾奠定了基礎。

　　再來看鉛活字印刷在晚清的發展。儘管有論者認為中國使用歐洲
鉛活字印刷術是在一五九〇年[51]，但毋庸置疑的是，直至晚清鉛活字

---

49 吉少甫：《中國出版簡史》（上海市：學林出版社，1991年），頁263-264。

50 戈公振：《中國報學史》（北京市：生活‧讀書‧新知三聯書店，1955年），頁357。

51 陳燕：《超越時空——媒介科技史論》（保定市：河北大學出版社，2002年），頁34。

印刷才得到較為普遍的應用。一八三四年美國傳教士將一套漢文木刻活字送往美國波士頓，複製成鉛鑄活字後送回中國。一八三四年法國傳教士也在巴黎複製了一套漢文鉛字。十九世紀五〇年代，外國人辦的印書館又製成電鍍漢文字模和以二十四盤常用字為中心的元寶式字架。這些成果，逐漸為各報所採用。[52]到了十九世紀七〇年代前後，多數中文報紙已經改用鉛字印刷。差不多在八〇年代，金屬活字已經在中國得到了廣泛的應用。

值得一提的是，國人在改進印刷版料方面也一直在孜孜努力。比如，一八四四年安徽涇縣翟金生同兒子發增、一棠、一傑、一新，以三十年的心力用畢昇遺法製成泥活字十萬多個，排印翟金生自著《泥版試印初編》等。翟氏把他這套泥活字印本書自稱為「泥鬥板」，還叫「澄泥板」，也叫「泥聚珍板」。[53]

5 印刷字體

儘管字體問題常被研究者忽略，但晚清印刷術的變革確與字體的發展息息相關，字體也帶有鮮明的技術烙印。傅蘭雅（John Fryer）認為，「中國刻板法，將書以宋字寫於薄紙，反糊於木板，則用力剜刷。書中所有圖畫，則有畫工摹成，同糊板上鐫之」。[54]傅蘭雅所謂的「宋字」，就是我們今天普遍採用的宋體字。這種字體出現於明朝萬曆年間，「明季始有書工，專寫膚廓字樣，謂之宋體」。[55]這種字體非

---

52 丁淦林：《中國新聞事業史》（北京市：高等教育出版社，2002年），頁61。

53 魏隱儒：《中國古籍印刷史》（北京市：印刷工業出版社，1988年），頁39-240。

54 傅蘭雅：〈江南製造總局翻譯西書事略〉，張靜廬輯注：《中國近代出版史料初編》（北京市：中華書局，1957年），頁18。

55 賀聖鼐：〈三十五年來中國之印刷術〉，張靜廬輯注：《中國近代出版史料初編》（北京市：中華書局，1957年），頁262。

顏非柳、非歐非趙,卻糅雜了各體的長處,橫輕豎重,適於寫版,美觀實用,很對中國舊式文人的口味。

因為印刷新技術的傳入,延續數百年的字體發展脈絡遭到衝擊破壞。「從功能的層面來看,首先表現出來的是新技術的局限性對於字體功能的阻礙,進而是通過技術上的改造對局限性所造成的後果進行預先調整和修正,使功能得以實現,這個過程是機器的技術與人使用機器的技術相博弈的過程」。[56]

晚清時西方的先進技術的傳入客觀上推動了活字字體的豐富,使活字字體隨著興起的報刊出版業變成傳播活動中的重要因素。對當時的印刷出版人而言,如何以適合於西文活字的技術來解決有著龐大的字數量的漢字系統,並提升漢字印刷的工藝品質是擺在他們面前的兩道難題。以商務印書館為代表的一些出版機構不斷改進技術,採用國外新機器新方法,創制楷書體、隸書體及黑體活字字模,打破了長期以來由宋體字獨據版面的局面。

6 印刷形式

晚清印刷形式明顯豐富起來,由鉛字銅模的凸版印刷術,到石版印刷術等平版印刷以及後來發展的凹版印刷術,晚清的印刷術發展到了一個新高度,為後來印刷出版的現代化奠定了技術基礎。

凸版印刷是在機器上的油墨滾子滾過時,只有凸起的部分著墨,以原狀印在紙面,紙面的墨蹟和印版著墨部分相一致。凸版印刷以鉛活字印刷為主。至於凹版印刷,則有照相凹版(影寫版)和雕刻版的區別。雕刻版主要就是雕刻銅版,為意大利人腓納求賴(Maso Finiguerra)於一四五二年發明。我國的王肇在日本遊學始知此法,

---

56 李少波:《黑體字研究》(北京市:中央美術學院博士學位論文,2008年),頁166。

並著《銅刻小記》介紹雕刻銅版的方法，但並未引起時人的注意。到一九〇五年，商務印書館聘用日本技師傳授，雕刻銅版印刷在我國日漸增多。

平版印刷是指印版的圖文部分與非圖文部分在同一平面上，其印製原理是利用水油相互排斥的作用在版面上的化學處理。[57]作為平版印刷的一種重要形式，珂羅版印刷在光緒初年已經出現，而且印出來的作品清晰美觀，遠勝雕版。

二　造紙技術的發展為印刷能力的擴容奠定了基礎

十九世紀七〇年代，有相當規模的大出版社在上海、廣州、天津等沿海城市相繼出現，書籍、報紙、雜誌的發行數量不斷增加。由於它們採用的都是西方先進的印刷技術，紙張、油墨和印刷設備都要從外國進口。一七九八年，法國的路易‧羅伯爾發明造紙機，機械造紙代替了手工造紙，手工造紙業也就此衰落。一八八〇年以前，採用西方印刷術的許多大出版社都是用大量的白銀買進機製紙。一八八〇年以後，機械造紙技術傳入中國，中國自造的機製紙先後在上海機器造紙局和廣東宏遠堂造紙公司產生，標誌著中國近代機械造紙的誕生。但自造的機製紙數量很有限，不能滿足大量的需求，絕大部分紙張還是靠進口。

一九〇二至一九一〇年的晚清十年是新式媒體在晚清開始活躍的十年。各種白話報刊創辦，各種類型的印刷廠開辦，紙張等印刷器械和耗材進口量大幅度增加。當時的鉛字印刷用紙，大多依賴進口，從光緒年間開始大量輸入。光緒二十九年（1903年），海關開始有詳細

57　陳燕：《超越時空——媒介科技史論》（保定市：河北大學出版社，2002年），頁32。

的記載，每年大約為幾十萬元，一九一二年高達到三百四十四萬六千五百四十七元。[58]這些用紙在依靠進口的同時，國內造紙業也為印刷提供了很大的支持。一八八四年，中國歷史上第一家機器造紙廠——上海機器造紙廠建成投產，能日產漂白施膠的洋式紙兩噸。十九世紀九〇年代，廣州出現了能年產紙八百餘噸的造紙廠。一九〇四年，中國第一家官商合辦的龍昌機器造紙公司在上海創立，主要生產書刊印刷用毛邊紙和連史紙，達到日產十噸的生產能力。一九〇七年，官辦武昌白沙洲造紙廠建立，年產連史紙、包紗紙、印刷書刊用紙五百三十噸，一九一〇年，志強造紙廠在東北吉林建立，主要生產書刊印刷用紙，年產五百噸。此外，重慶、濟南、廣東、貴陽、上海等地在十九世紀初葉都有大量機器造紙廠建成投產。[59]

這些生產條件的出現也為印刷大於出版格局的持續出現準備了條件，為印刷和出版的關係，出版機構的生存和發展的生態帶來重大轉變。印刷能力的迅速擴大，為各種新生政治社會文化的生產和傳播帶來了幾乎是決定性的變化。[60]

三　電報技術的出現使得時間戰勝了空間

經典信息理論將一般信息過程簡化為「信源—通道—信宿」的模式。從純技術的角度看，傳播技術和手段正是信息的載體和流通的管道，是信息傳輸必不可少的物質基礎。千百年來，人類為打破傳播時

---

58 賀聖鼐：〈三十五年來中國之印刷術〉，張靜廬輯注：《中國近代出版史料初編》（北京市：中華書局，1957年），頁278。

59 張樹棟、龐多益、鄭如斯：《簡明中華印刷通史》（桂林市：廣西師範大學出版社，2004年），頁254-259。

60 雷啟立：《印刷現代性與中國現代文學的發生》（上海市：華東師範大學博士學位論文，2008年），頁79。

間與空間的限制進行了不懈努力。

十九世紀初，輪船、火車的相繼發明大大提高了信息傳遞速度，但依然不能滿足人們的需要。一八四四年美國莫爾斯（Morse）首先試驗成功了電報通信。由於是利用電磁波作載體來實現人類遠距離傳輸與交換信息的通信方式，電報技術可使信息瞬間即達，是第一個使人體運動與信息運動分離的發明，讓時間戰勝了空間。電報作為日後大眾媒介的先聲，對當時的社會有著石破天驚的衝擊。正如《萬國公報》所贊，「今泰西各邦皆設電報，無論隔廠阻海，頃刻通音，誠啟古今未有之奇，洩造化莫名之秘，富強之功實基於此」。[61]

外國電報的到來以及它在當時戰爭[62]、外交中的運用，使中國傳統的驛傳系統相形見絀，並成為影響國家之間戰略優劣的主要因素，使得當時的統治者看到了傳統驛傳系統根本無法與電報相提並論，對發展電報事業不得不認真地加以考慮。於是從中法戰爭至甲午戰爭以前，經過十多年的發展，清朝已基本建立起覆蓋全國的電報線網路，基本上擔負起國家軍政要務的信息傳遞。「中國電報創造未及十年，現已東至東三省，南至山東、河南、江蘇、浙、閩、兩廣，緣江而上，至皖鄂入川黔，以達雲南之極邊；東與桂邊相接，腹地旁推，交通幾於無省不有，即隔海之臺灣，屬國之朝鮮，亦皆遍設」。[63]關於電報線路的架設，清政府在與外國的交涉中遵循了這樣一條原則：外國只能設海線，陸線則寸步不讓，據理力爭。雖然輕易地喪失了中國的

61　參見〈論中國興電報之益〉，《萬國公報》，冊39，1892年4月，第20本，頁12715。

62　比如一八七四年，日本發動侵臺戰爭。清廷由於通訊工具落後，消息閉塞，軍機遲誤，注定了不利的戰爭結局。這給總督沈葆楨以極大刺激，使他從最初反對鋪設電報線，轉而堅決支持發展電報業。他甚至將電報比作萬里長城，還提出了鋪設福州—馬尾—廈門—臺南這樣一條電報線的建議。

63　李鴻章：〈擬辦山陝商線折〉（光緒十五年十一月初二日），〈奏稿〉，《李鴻章全集》（長春市：時代文藝出版社，1998年），卷66，頁2490。

海上通信權，把海線登陸權無限期地奉送給外國，但畢竟為中國保存了陸地通信權，為今後中國自主興辦電報創造了條件。這一點，還是應該予以肯定的。[64]

電報網路的逐步建成，對於改變傳遞軍政信息的傳統格局有重大意義。「有此電報，不獨軍機密事，瞬息可達，而有一處電報，即不薔添一處屯兵。若本有防營，更通電報，則一營兵卒可抵數營之用，一處兵卒可作數處之用。故兩國構釁，均藉電報以徵調，有者多勝，無者多敗。此減得保護國家之要圖也」。[65]

中法戰爭爆發之前，清朝已經將京滬、長江沿線至廣州至龍州的電報線建成，在中法戰爭中發揮了極大的作用，不但非常有利於軍報傳遞，而且改變了過去「奏摺往返須五十餘日」的局面。李鴻章對此非常自豪：「自光緒六年創始，先從天津上海設局開辦，逐漸推廣。十年將通州電局移設京城，聯為一氣。自是沿江沿海邊遠各省，次第接設電線，綿亙至一萬數千里。」[66]儘管李鴻章的奏報不無溢美之詞，但從中也不難看出，當清朝統治者獲得了一種比傳統驛傳系統更有效率的信息傳遞方式之後，當軍政事務的處理因此變得迅速、國家的穩定與安全因此變得更加易於把握時，喜悅之情不禁溢於言表。自太平天國和捻軍起義後，清朝外侮日深，但國內一直沒有太大的動亂，在一定程度上與以電報為信息傳遞工具、信息傳遞迅速、能夠聞訊立動、消患於未萌有很大關係。[67]

---

64 郵電史編輯室：《中國近代郵電史》（北京市：人民郵電出版社，1984年），頁48-49。

65 參見《論中國興電報之益》，《萬國公報》，冊39，1892年4月，第20本，頁12716。

66 李鴻章：〈京滬電報請獎摺〉（光緒十八年二月二十五日）《李鴻章全集》（長春市：時代文藝出版社，1998年），卷66，頁2724。

67 劉文鵬：《清代驛傳及其與疆域形成關係之研究》（北京市：中國人民大學出版社，2004年），頁286-287。

在晚清電報事業的發展過程中，不得不提的是一八七三年華僑商人王承榮與王斌合作，製造出了專傳漢字的電報機，這是我國第一臺國產電報機，在中國通信史上具有重要意義。[68]他還呈請清政府自辦電報。這在中國電報史上無疑是件具有重要意義的事情，可惜由於清政府拒不採納，二王的名字長期湮沒無聞，他們自製的電報機也未傳於世。

因為漢字不能以聲音筆劃收發電報，一個字需要使用四個數碼來代替，傳輸電報較之西文字母複雜費時，在接收國外電報時費用增加，積月累歲，遂成一大漏厄。黃遵憲的弟弟黃遵楷經過刻苦鑽研將四碼改進為三碼，這樣每字可省錢二元四角三分，不僅節約了大量的費用，而且還比原來的四碼省工、快捷、準確。[69]

中國使用無線電報始於清朝末年。一九〇五年，清政府北洋通商大臣袁世凱在天津開辦了無線電訓練班，同時購置無線電收發報機，分別安裝在北京、天津、保定和北洋海軍的艦隻上。一八八〇年清廷在天津創辦了津滬電報總局，兩年後該局遷址上海，並更名為中國電報總局。繼之各省也陸續建立了一批電報局，從而形成了貫通全國大部分地區的現代電訊組織系統。一九〇六年，清政府設立郵傳部，內設電政司，掌管無線電和電報、電話事宜。

光緒二十四年（1908年），上海與崇明島之間的海底電纜毀損，江蘇省用公款購買無線電收發報機代替之，上海淞崇無線電報局建立，開始用長波無線技術通電報。最初的無線電通訊主要應用於船舶

---

68 吳廷俊：《科技發展與傳播革命》（武漢市：華中科技大學出版社，2001年），頁123；閔大洪：《傳播科技縱橫》（北京市：警官教育出版社，1998年），頁68。

69 參見《湘報》（北京市：中華書局，1965年影印本），第134號。這亦是中國電報史上的重要事件。

軍艦之間，以後逐步取代了電線電報。[70]這則是我國民用無線電報的開始。

四 流通技術的豐富大大拓寬了傳播管道

工業革命以來各種物質文明的進步，包括食品、服飾、住房、日常用品諸多方面，就其對人類生產方式、生活方式、社會結構、思想觀念的影響顯著性而言，大概沒有任何一項可以與交通現代化相比。[71]科學技術的發展，特別是新式交通工具的出現，使更多更大規模的信息交流和書報傳遞成為可能。在「師夷長技以制夷」思想指導下，鐵路、電報、郵政等新的交通、通訊方式與各種軍事技術一起，被以李鴻章、張之洞等為代表的洋務派看重和接受，並力圖仿傚。這些新事物的傳入為中國在當時尋求信息傳遞方式的改進提供了新思路。

1 驛傳

作為我國古代最後一個封建王朝，清代不僅建立起了一個有著穩定疆域的帝國，也將專制主義中央集權體制推向完備。清代建國伊始，便開始著手建立以皇帝為中心的政治控制體制。清代皇權政治自始至終的發展過程都能在驛傳系統的發展中找到回應。軍機處秘而不宣的運作方式，廷寄的密發，最終要靠驛傳的嚴密性加以保證，所以才有對驛傳文報密封、交接、回饋等程序的反覆斟酌與改進。以奏摺制度和軍機處的創建為基礎，皇帝個人被置於權力運轉的絕對核心，其它所有可能存在的威脅都被排除在外。「乾綱獨斷」的政治風格要

---

70 史革新：《中國社會通史》（晚清卷）（太原市：山西教育出版社，1996年），頁367。
71 丁賢勇：《新式交通與社會變遷》（北京市：中國社會科學出版社，2007年），頁10。

求所有政治信息的傳遞必須直達御前，他人不得隨意介入其間。[72]承擔國家緊要文報的傳遞是驛傳系統最重要的一項功能，所以自明代始，驛傳管理屬兵部，所有軍政要務無不由之。清代則有軍機處之廷寄，地方大員之密摺，且有四百里、三百里、六百里之分，以顯示其緊急程度。不過，隨著晚清電報技術的應用與發展，驛傳系統的各項功能逐漸被新興的電報、郵政及公路、鐵路交通所取代。

　　然而，電報並不能完全取代驛傳系統。因為電報費用昂貴，簡約的電文使得事務的商討無法充分展開，而且電報網路的發展非一時之力即可辦成，清政府用了十幾年的時間使之初具規模，但邊遠地區尚需與驛傳系統互為補充。同時，作為一個新生事物，統治者對電報雖很倚重，但也一直心存顧忌，甚至連李鴻章也遭到質問：「有人奏該大臣於前敵各軍電報，往往改易增損字句」，「臣歷次電奏，原牘具在，可以復按」。[73]

　　隨著十九世紀末驛傳制度的弊端日益明顯，國內要求裁汰驛站、興辦近代郵政的呼聲日益強烈，驛傳系統傳遞尋常公文的功能逐步被近代郵政所取代。一八九六年大清郵政正式開辦，驛站事務改歸郵傳部管理，驛站作用逐漸消失。

2 鐵路

　　中國最早的鐵路出現在北京。一八六五年，英國商人杜蘭特在北京城宣武門附近修建了一條五百米長的鐵路，「以小汽車駛其上，迅急如飛」。當時北京市民所見西洋器物不多，乍見之下，不明其理而

---

72 劉文鵬：《清代驛傳及其與疆域形成關係之研究》（北京市：中國人民大學出版社，2004年），頁11。

73 李鴻章：〈匯復鐵路電報等事折〉（光緒二十年九月二十六日），〈奏稿〉，《李鴻章全集》（長春市：時代文藝出版社，1998年），卷79，頁2914。

「詫為妖物」。一八七六年六月三十日，吳淞鐵路上海至江灣段正式建成，並試行通車，該段全長五英里，有七節客車車廂，一次可載一百五十人。《申報》對當時通車情況做過詳細報導。為了擴大影響，《申報》館還特地請人拍攝了火車運行的照片出售。一八七六年八月十七日《申報》刊登照片時稱：「火輪車鐵路業經築就，每日搭坐之客往來如織，此誠中國之創舉，而為別埠所從未見者。本館因特請照相者拍成一圖，俾婦女孩童以及遠處人未經見有火車者共得傳觀，如身親其境，當亦所心許而亟欲觀之也。」到了一八七七年十月，這段火車正式運行不到一年，已載客十六萬人次，可見鐵路火車已廣為人們所接受。[74]

《萬國公報》曾刊載大量關於鐵路的改革建議，認為「鐵路為今一世界中必不可少之利器」[75]，「當斯時也，凡心乎為國者，欲變弱而為強，務必創造鐵路」。[76]並將鐵路的好處總結如下：

第一，可救歲荒。「如遇旱乾水溢，野無青草，室如懸盤，地方收成歉薄，若有鐵路之制，外省糧米分道並運，數日之間，即可畢集民間，自無飢饉之患、流離之苦」。

第二，可救兵端。「兩國相爭，惟有鐵路者，獨操勝算。不獨徵兵籌餉，朝發夕至，至若敵人壓境而無鐵路，非但兵不易集，糧不易徵，即使部署有方而防不勝防，終覺倉皇莫濟矣」。[77]

第三，可便商貿。「鐵路成而貨物之轉運速，則銷售廣。商賈既多所贏餘，則關稅亦可充溢」。[78]

---

74 王瑞芳：《近代中國的新式交通》（北京市：人民文學出版社，2006年），頁54-59。

75 參見〈論鐵路之利中國急宜擴充〉，《萬國公報》，冊2，1889年3月，第16本，頁10216。

76 參見金琥：〈富國要策〉，《萬國公報》，卷646，1881年7月2日，第13本，頁8218。

77 參見〈論今日誰能助我〉，《萬國公報》冊24，1891年1月，第18本，頁11700。

78 參見〈論鐵路之利中國急宜擴充〉，《萬國公報》冊2，1889年3月，第16本，頁10220。

不過，中國早期鐵路數量雖多，卻大多是零散的支線，並未構建一個完整的系統。而且，由於各國的鐵路技術標準不一，所築鐵路之軌距有寬有窄，互相之間並不匹配，難以通行各處。這種混亂局面，極不利於鐵路行業的發展。[79]

3 郵政

除了印刷術之外，郵政制度的建立是近代報刊出版業誕生的另一個重要條件，近代郵政系統可以說是近代傳媒產業的神經系統。正如《萬國公報》所指出的，古時泰西各國與中國固然，只有驛報而已，「迨至三四百年之後，各西國漸改古法而通今法，設立書信局，均歸國家經理，通行全國，不論省城鄉鎮，莫不相通，不誤時日，不爭信資，其利益豈淺鮮哉」。[80]

鴉片戰爭後，中國的通信組織是多種多樣的。有官辦驛站、報局，有商辦民信局、僑批局；有帝國主義國家私沒的「客郵」；有租界當局、洋商、投機分子等辦的「本地郵局」、「書信館」；有半華半洋的「海關撥駟達局」；還有「華洋書信館」，等等。就形成清代通信事業的複雜局面。[81]隨著列強侵略勢力由東向西逐步推進，「客郵」[82]也由沿海灣入中國內地，遍置於新疆、西藏、雲南、黑龍江等地。即使中國自一八九六年正式成立國家郵政管轄機構以後，「客郵」數量仍然有增無減。[83]外國郵政的侵入大大刺激了中國近代郵政的發展，

---

79 朱勇：《中國法制通史》（第九卷）（北京市：法律出版社，1999年），頁256。

80 參見《天下光景》，《萬國公報》卷639，1881年5月14日，第13本，頁8099。

81 郵電史編輯室：《中國近代郵電史》（北京市：人民郵電出版社，1984年），頁27。

82 世界近代郵政發軔於十八世紀的德國，之後迅速在英、法等歐洲國家及美國興起。鴉片戰爭以後，西方勢力侵入中國，為保持與國內的通信聯繫，他們在所居住的中國東南沿海的許多地方，設立郵局，以通信息，這些郵局被稱為「客郵」。

83 以英國為例，一八七○年，它在中國設置郵局的數目為兩處，一九一八年則為一百四十處。後經北洋政府與列強各國反覆交涉，才最終清除「客郵」，統一郵權。

一些有識之士看到了外國郵政的先進性，因此極力呼籲借鑒西方郵政經驗，建立本國郵政體系，改進傳統驛傳這一已經步履維艱的信息傳遞方式，以抵制外國的侵略。在這種情況下，中國的海關開始介入郵政管理。海關介入郵政，試辦郵政，仍以傳遞官方文報為主，從這一角度看，它還不是完全意義上的西方郵政，而是在特殊背景下對中國傳統驛傳系統的補充。

一九〇六年，清朝實行立憲改革，中央設郵傳部，負責鐵路、公路、輪船、郵政四項事務的管理；驛傳事務則由兵部劃歸陸軍部，新成立的郵傳部必須從總稅務司接管郵政。此後，大清郵政採用資本主義的經營方式與管理體制，開展多項新式郵遞業務，郵路遍佈全國，集中統一，效率較高，逐漸被民眾所信任。與此同時，具有四五百年歷史的民信局，則日趨衰落。

4 鐵路、電報與郵政的相輔相成

為什麼「凡鐵路設站、電報設局之各處，均添設郵政官局？」這是因為郵政必須借助鐵路之快捷、運量大、運費低廉；而電報則須借助郵政現成的網路與人力進行，電報雖然「瞬息之間，可以互相問答」，時效遠勝於文書傳遞，但是當時電報並不能做到當天拍發、當天就可送到收報人手中的，弄不好也會出紕漏。[84]而且，所有的電報

---

84 「滇案」即一八七五年二月馬加理在雲南邊境被殺案，赫德（Robert Hart）在中英「煙臺會談」剛結束就拍電報給倫敦辦事處的金登幹（James Duncan Campbell），但仍比新聞記者慢了幾天！一八七五年七月二十四日金登幹經恰克圖發給赫德的電報被恰克圖電報局送到了德國駐京公使館；而同時將一封給德國公使館的密碼電報錯送至赫德。這就涉及明碼電報容易因錯投而洩密的問題。所以後來赫德要求金登幹傳遞重要消息時要使用密碼。一八七五年十月三十日，赫德經上海致信金登幹的電函中就說：「今後中國字密碼採用威妥瑪——西利那發音表號碼加上兩萬五千，例如25259為『潘』。」參見中國第二歷史檔案館、中國社會科學院近代史研究所編：

最終還得經過郵政系統的人工投送。

　　中國近代電報創辦初期建立了龐大的電報網路，但骨幹是軍政事務通訊專線，以「官設官用」為主。由於電報費用昂貴，電文必須力求精簡，中外交涉、軍政文牘、商務洽談仍須以文函傳遞實現。「遇有緊急要事件，雖可先行電聞，然得電後，仍須俟奏報或諮文到來，始能為據。」所以，驛傳和文報局在此期間仍然發揮重要作用。

　　晚清是中國鐵路郵政的啟始時期，一八九六至一九○一年，鐵路郵政權掌握在外國人手裏，直到一九○二年中國收回鐵路郵政權。一九○三年制定了〈大清郵政局鐵路公司互議章程〉奠定了鐵路郵運的基礎。據統計，一九○四年北京郵政總局經辦的郵件共達三百五十六萬五千件，包裹為五萬九千七百七十七件之多。郵政部門對鐵路相當重視，在〈一九○五年郵政事務總論〉中指出：「惟是郵政之基，與鐵路最有關涉，凡鐵路開行之處，其郵遞必見盛興，是鐵路無異郵政之鋪」，並將當時已通行、已開築未竣工和已定議未開及甫議辦之鐵路分別詳列。到了清末，火車郵政已達八千五百公里。[85]

　　臺灣的一個事例也可以典型地說明其時鐵路和郵政之間的呼應關係。臺灣郵路分南北兩線。以臺北總站為中心，南行到恆春，共十四大站（計費站），長六百六十七華里；北線經基隆到宜蘭，設三大站，長兩百○二華里。全省郵路共長八百六十九華里。臺灣郵政總局規定了各站出發到達時間，要求每個時辰（即兩小時）走十九華里，準時到達。[86]有趣的是，據美國人馬士（Hosea Ballou Morse）記述，

　　《中國海關密檔》《赫德、金登肯函電彙編（1874-1907）》（北京市：中華書局，1995年），卷8，頁59。

85 尹鐵：《晚清鐵路與晚清社會變遷研究》（北京市：經濟科學出版社，2005年），頁300-301。

86 郵電史編輯室：《中國近代郵電史》（北京市：人民郵電出版社，1984年），頁22。

臺灣郵票「照章繳付另加的費用之後，這些郵票被用作臺灣鐵路上的火車票」。[87]

五　其它光電技術上演了傳媒現代化的前奏

1　攝影術

　　攝影形象因為具有真實、直觀、可視等特點，因此成為人們在社會聯繫、思想交流和信息傳播中的共同語言。攝影術誕生後，信息傳播在經歷了口頭傳播、文字傳播等方式之後，又步入了影像傳播的新時代。由於照片具有形象性、紀實性、瞬間性和傳播迅速等優點，因此獨立於語言文字之外，成為一種全新的傳播符號。形象性是指用攝影手段記錄信息、發送信息時，圖像符號所代表的是真實可視的直觀形象，受眾從這些直觀形象中獲取信息。這與文字符號有著根本的不同。

　　攝影術問世之前我國已普遍應用暗箱和各種光學器具，在此基礎上清代科學家鄭復光於一八三五年完成了應用光學著作《鏡鏡詅癡》的手稿，系統地總結了光學原理和光學器具的製作方法。在光學原理部分，他論述了色彩常識、色與形的關係（「原色」）；論述了發光體、光的強度和種類（「原光」）；景物的顯現、隱晦、透視關係（「原景」）；並以人的視覺器官構造說明透鏡成像原理（「原目」）；以及各種「鏡」的性質、材料、種類和用途（「原鏡」）。在第二部分，他介紹了光學器具的製造方法，其中與攝影術有直接關係的是「繪畫暗箱」和「放大器」。[88]

---

87 馬士撰，張匯文等譯：《中華帝國對外關係史》（第三卷）（北京市：商務印書館，1960年），頁63。

88 吳廷俊：《科技發展與傳播革命》（武漢市：華中科技大學出版社，2001年），頁95。

　　中國的第一部照相機是在一八四四年誕生的。這一年，晚清科學家鄒伯奇[89]在《夢溪筆談》相關文章的啟發下，經過反覆試驗製成了我國第一部攝影器，並成功地拍攝了照片。[90]同年，清朝兩廣總督耆英在澳門同法國使臣拉蕚尼（Théodore de Lagrené）談判時，曾將自己的照片分贈給意大利、英國、美國、葡萄牙四國官員。[91]

　　大約在一八四六年，法國達蓋爾（Daquelle）的銀版攝影法傳入中國。這種能夠收人影入鏡、將人像原貌清晰地印於紙上的照相技術，使初見者不明所以，王韜就曾讚歎道：「一照即可留影於玻璃，久不脫落。精於術者，不獨眉目分皙，即纖悉之處，無不畢現。更能仿照書畫，字跡逼真，宛成縮本。近時，能於玻璃移於紙上，印千百幅，悉從此取給。新法又能以玻璃作印版，用墨搨出，無殊印書。其便捷之法，殆無以復加。法人如李閣郎，華人如羅元祐，皆在滬最先著名者。或云，近來格致之學，漸悟攝影入鏡，可以不用掃光，但聚空中電氣之光照之，更勝於日，故雖夜間亦可為之。技至此疑其為神矣！」[92]湖南的進士周壽昌在當年寫作的《思益黨日劄》中，也論述了他在廣東遊歷時見到的「一種套器」和「畫小照法」的攝影情況。當時，香港的報紙有一則廣告：「香港銀版攝影和鋅版印刷公司有香港及中國彩色與黑白風景相片出售。」[93]

89　鄒伯奇（1819-1869），字特夫，廣東南海縣泌沖人。他於一八四四年完成了兩部有關攝影光學的著作《格術補》、《攝影之器記》。《格術補》對各種透鏡、望遠鏡、顯微鏡的作用進行了精闢的論述；《攝影之器記》則是記錄作者自己試製繪畫暗箱經過的筆記著作。在鄒伯奇去世後，這兩部書稿和他的其它著作被彙編成《鄒徵君遺書》在一八七三年付梓刻印，這是一部集攝影技術之大成的著作。

90　陳紅光：〈中國自製第一部照相機〉，《嶺南文史》1993年第1期；吳廷俊：《科技發展與傳播革命》（武漢市：華中科技大學出版社，2001年），頁95-96。

91　給耆英拍照的人是與拉蕚尼一同到達澳門的埃及爾（Jules Itier），其時他的身份是法國海關總檢察官。

92　王韜：《瀛壖雜誌》（上海市：上海古籍出版社，1989年），頁122。

93　吳廷俊：《科技發展與傳播革命》（武漢市：華中科技大學出版社，2001年），頁96。

　　一八六〇年以前，攝影術僅在廣東沿海一帶流行。第二次鴉片戰爭之後，伴隨著英法侵略軍的鐵蹄，攝影術由外國隨軍攝影師帶到了北方，很多中國人學會了攝影技術，其中甚至還出現了很多技藝高超者。[94]王韜在咸豐八年（1858年）十月二十五日的日記中，就記述了他陪同一位外地來滬的友人到西人處照相之事：「同往法人李關郎舍，關郎善照影，每人需五金，頃刻可成。」這位友人當即「照得一影，眉目畢肖」。[95]以致有人作〈竹枝詞〉詠道：「添毫栩栩妙傳神，藥物能靈影亦新。鏡裏蛾眉如解語，勝從壁上喚真真。」[96]十九世紀七〇年代的《申報》上，時常可以看到文人墨客為妓女的「小照」或「小影」題寫的詩篇，有的還附序，著力描繪當事人的容貌。不過《申報》在刊登這些作品時並不配發原圖，讀者也只能憑藉文字來發揮自己的想像力了。

　　作為晚清知識分子中的有識之士，孫寶瑄在日記中不僅記述了學習西學的心得，而且經常作詩吟詠包括照相機在內的西方器物，比如〈照像器〉一詩云：「微塵色相鏡中虛，燭見鬚眉畫不如，天為幻生留幻影，不隨面皺變紆徐」[97]，〈映相術〉云：「清影可憐甚，依稀即是君。此影無滅時，化作千百身。」[98]

---

94 例如廣東人賴阿芳（Lai-Afong）於一八五九年在香港皇后大道開設了一家「攝影社」，專照人物肖像，店門掛出「攝影家賴阿芳」的巨幅招牌。他雇傭了一個葡萄牙人幫忙，招徠歐洲籍遊客，為他們拍照。他的藝術鑒賞力和藝術修養甚至得到了英國著名攝影家約翰・湯姆遜（John Thomson）的高度評價。賴阿芳創辦的攝影社在他去世後，由其後代經營至一九四一年，長達八十二年之久。參見吳廷俊：《科技發展與傳播革命》（武漢市：華中科技大學出版社，2001年），頁96。

95 王韜：《王韜日記》（北京市：中華書局，1987年），頁23。

96 王韜：《瀛壖雜誌》（上海市：上海古籍出版社，1989年），頁122。

97 孫寶瑄：《忘山廬日記》（上海市：上海古籍出版社，1983年），上冊，頁163。

98 孫寶瑄：《忘山廬日記》（上海市：上海古籍出版社，1983年），下冊，頁871。

　　清朝末年紀實攝影流行，它反映現實情況，記錄事物，內容廣泛。例如一八七六年，由英商建造的上海至江灣鎮約七公里的鐵路完工，定於七月一日舉行通車典禮。《申報》即委託上海日成照相館拍攝通車現場，但當時報紙還不能刊印照片。將紀實攝影運用於政治鬥爭，改良主義者容閎是一位傑出的代表。一八七三年，他受李鴻章之托，赴秘魯調查當地華工的處境。容閎拍攝了二十四幅照片，這成為華工在秘魯受到歧視與虐待的真實寫照。在清政府與秘魯政府的交涉中，容閎的照片成為揭露秘魯政府罪惡、維護僑胞利益的有力武器。[99]

　　十九世紀末外國傳教士、冒險者紛紛進入中國少數民族地區，曾獵奇般地拍攝了不少民族風土人情照片，但已罕見流傳。不過一九八五年，在法國鄉間的一個地窖裏，人們發現了一批批百年前中國西南部的舊照，其數量之多，內容之廣，保存之完好，世所罕見。[100]這批照片是晚清法國駐滇總領事方蘇雅（Auguste Francois）於一八九六至一九〇〇年間拍攝，共三十餘張，涉及雲南的有紅河的哈尼族、昆明的撒梅人、楚雄的彝族及滇南的苗族等，形象地再現了一百年前上述民族的社會生活、宗教信仰、面貌服飾特徵，尤以皈依天主教的少數民族最為傳神。這是國內已知最早、數量最多的民族學、人類學圖文資料。[101]

　　一九〇〇年前後，照相銅版製版技術傳入中國。一九〇一年八月，上海《萬國公報》刊登〈醇親王奉使過上海圖〉是目前所知在中國報刊上最早出現的新聞照片。一九〇四年，上海《東方雜誌》等期刊開始刊用照片，該刊第八卷第四至九號連載了杜就田〈攝影發明之略史及現今之方法〉一文，為中國人主辦的雜誌上最早系統介紹攝影

99　吳廷俊：《科技發展與傳播革命》（武漢：華中科技大學出版社，2001年），頁96-97。
100　海蒂，肖桐：《昆明晚清絕照》（北京市：中國文聯出版社，1999年），頁174。
101　海蒂、肖桐：《昆明晚清絕照》（北京市：中國文聯出版社，1999年），頁175。

技術發展史的一篇文獻。一九〇六年起，國人辦的報紙也開始刊登照片。當年三月二十九日，《京話日報》刊登了「南昌教案」中被法國傳教士殺害的死難者照片，開創了中國報紙運用照片開展涉外鬥爭的先河。一九〇七年七月，廣州《國事報》發表了〈粵路正式會攝影圖〉，八月發表了〈女界流血者秋瑾〉等時事照片。這些照片編發及時，新聞性較強。一九〇七年創刊的《世界》畫報，由我國留法學生組織「世界社」在巴黎編印，是當時行銷國內唯一的一種攝影畫報。姚蕙女士主編，吳稚暉等人也曾參與其事。畫報每期共採用一二百幅照片，有的介紹時事及科學、文化發展情況；有的介紹國內時事。《世界》畫報宣稱是「東方第一次出版之美術畫大雜刊」。它總共發行了兩期；由於出版周期長，很多照片失去了新聞性。[102]

進入二十世紀後，照相術甚至開始被官方運用於人事管理。光緒末年，清政府廢除科舉制度、改革學制。宣統年間，學部作出規定，凡參加各類考試的考生必須在考前拍照，否則不准參加考試。外務部在錄用人員時要求持照片前往面試。主管全國官員人事的吏部在人事管理方面也作出了必須使用照片的規定。[103]這些舉措極大地推進了照相技術的實用化，使其逐漸進入了尋常百姓家。

2 電話

電報傳播程序繁雜，如果內容較多傳輸就更麻煩。因此人們需要尋求更為快速便捷的遠距離傳播工具。這種工具就是繼電報機之後問世的電話機。電話技術的發明和廣泛應用極大地推進了傳播活動的發展，實現了簡易可行的遠距離雙向傳播。電話不僅減少了「解碼」、

---

102 吳廷俊：《科技發展與傳播革命》（武漢市：華中科技大學出版社，2001年），頁97。
103 葛濤：〈照相與清末民初上海社會生活〉，《史林》2003年第4期。

「破譯」等中間環節，只要沒有語言障礙便可以採取直接通話，而且變單向傳播為雙向交流，使得單位時間交流的信息量成幾何級數地增加。

　　在人與世界的聯繫中，我們無法想像一場比電話帶來的更具革命意義的變化了：電話出現前，空間和時間似乎是一個永恆的概念，但電話改變了一切。當然，其它社會變數塑造了這種新發明強大效果的使用過程。[104]

　　我國開始有市內電話是在一八八一年（清光緒七年）。當時上海英商瑞記洋行在上海租界內開辦華洋德律風公司，架設市內電話線路，免費租用磁石式電話機給用戶，三個月後每機收月租費一元。一八八二年二月，租界內有二三十家使用者先用上了電話，四月又有英商的電話交換所開業，有用戶三十多家。[105]由於使用者日益增多，電話月租費也跟著漲價，光緒末年，月租費漲至每機五元，但用戶仍然有增無減。[106]一九〇〇年，買辦官僚盛宣懷督辦電政，以經營電報的盈利，在南京電報局開辦市內電話，這是我國自辦市內電話的開始。隨後，中國一些大城市先後開設市內電話，其中有官辦的，也有商辦的。一九〇三年（光緒二十九年）北京電報局開辦了市內電話。我國最早的長途電話，始於一九〇〇年。丹麥人璞爾生乘八國聯軍侵入北京之機，擅自從天津租界架設電話線，接通北塘和塘沽。第二年又接通京津線路，私自營業。至一九〇五年（光緒三十一年）才由我國贖回自辦。這是我國自辦長途電話的開始。一九〇九年（清宣統元年）

104　伊錫爾・德・索拉・普爾，鄧天穎譯：〈導論〉，《電話的社會影響》（北京市：中國人民大學出版社，2008年）。

105　李長莉：《晚清上海社會的變遷：生活與倫理的近代化》（天津市：天津人民出版社，2002年），頁86。

106　吳廷俊：《科技發展與傳播革命》（武漢市：華中科技大學出版社，2001年），頁127。

我國又收買德國人所設天津至塘沽的電話線路，合併後統稱京津長途線路。[107]

3 電影

　　電影是多種技術最後結合起來的一種設備，它的發展依賴於三種技術的出現：圖像投影技術、靜態圖片的快速連動技術和攝影技術。電影技術發明之後，人類的信息傳播進入到音像傳播階段。電影用連續、活動的圖像展現事件的完整過程和人、物的完整面貌。電影按其本質而言是攝影的外延，但它突破了照片的瞬間性，連續、動態地反映現實生活。正像「形」和「聲」統一於漢字之中而大大豐富了它的表現能力和傳播功能一樣，聲音與圖像一旦結合起來，就會產生不可低估的感染力。

　　一八九六年（光緒二十二年）八月十一日，上海徐園內的「又一村」放映了「西洋影戲」，這是中國第一次放映電影。影片穿插在「戲法」、「焰火」、「文虎」等一些雜耍節目中。自此以後，徐園就經常放映電影，多為法國影片。[108]一八九七年七月，美國電影放映商雍松先後在上海的天華茶園、奇園、同慶茶園等處放映電影。一八九七年九月五日，在上海出版的《遊戲報》第七十四號上，曾刊登過題為〈觀美國影戲記〉的文章，記載了八月間雍松在奇園放映影片的內容和作者對這些影片的印象，認為「奇妙幻化皆出人意料之外者」。這是我國電影觀眾首次發表的對電影的觀感。

　　一九〇二年一月，北京也開始放映電影。一九〇三年，華商林祝三自歐美攜返影片和放映機，借天樂茶園放映影片。這是中國人在國內放映外國片的第一人。一九〇四年，慈禧太后七十壽辰，英國駐北

107 吳廷俊：《科技發展與傳播革命》（武漢市：華中科技大學出版社，2001年），頁128。
108 杜雲之：《中國電影史》（臺北市：臺灣商務印書館，1978年），冊1，頁1-2。

京公使曾進貢放映機一架和影片數套祝壽。當在宮內放映時，僅放映三本，磨電機炸裂，影片停映。慈禧太后以為不祥，清宮就此不再放映影片。[109]不過，從此京中放映電影增多起來，受到觀眾歡迎。在前門外大柵欄大觀樓有電影園，每晚座上均滿。「但所映影片，尺寸甚短，除滑稽片外，僅有戲法與外洋風景」。[110]

當一九〇六年天津最早的權仙電影院在法租界開始正式投入使用的時候，儘管票價不菲，仍然吸引了大批觀眾前來觀看，「就以外國人而論，亦結隊來觀，車馬不絕於道」。[111]《湘報》也曾報導九江城內的電光影戲，「所演各戲係用電光照出，無不惟妙惟肖，栩栩如生，加以留聲機器所唱各戲，亦皆音韻調和，娓娓可聽」[112]，觀眾都稱聞所未聞、見所未見，無不鼓掌稱奇。這是電影傳入中國的較早記錄。[113]

剛誕生的電影很快就成了都市人爭相趨之的娛樂方式。《大公報》則緊緊跟隨這一潮流，以多種方式報導包括天津在內的各地電影放映情況，折射出這一新興的休閒娛樂方式對民眾生活、觀念的影響。在電影剛剛出現的時候，《大公報》就刊登出歐洲人欲在天津租借電影放映場地的廣告，以吸引更多的民眾關注此事。[114]

4 磁錄機、留聲機

隨著西方各種新奇的電器逐步進入人們的生活，《大公報》也不

---

109 杜雲之：《中國電影史》（臺北市：臺灣商務印書館，1978年），冊1，頁23。

110 吳廷俊：《科技發展與傳播革命》（武漢市：華中科技大學出版社，2001年），頁109。

111 參見《大公報》，1907年4月13日。

112 參見《湘報》（北京市：中華書局，1965年影印本）第174號。

113 董貴成：〈《湘報》與科學技術的傳播〉，《科學技術與辯證法》2005年第1期。

114 參見《大公報》，1905年7月19日。

斷報導它們帶來的便利。一九〇六年磁帶答錄機傳入中國後,《大公報》大力宣傳它的優越功能,「美國美術家新製造一種留聲機器,專備學習各國語言之用,現已裝以英、法、德、西四國會話,聽之娓娓清楚,如親承教員之授課也。有志方言者,無待負笈以遊矣。聞此項機器,現已運津,由日界旭街小林洋行專賣」。[115]而對於美國可倫布廠製造的馬蹄牌留聲機等的宣傳,更是圖文並茂。[116]留聲機不僅可以把演員演唱的聲音放大,使人感到「比臺上更覺響亮數倍」[117],而且還能夠不斷播放,讓人反覆欣賞。

本章小結

一種新媒介的長處,將導致一種新文明的產生。[118]縱觀媒介發展史,如果我們根據早期原始媒介、書寫媒介、印刷媒介和電子媒介這幾個發展過程,將媒介變革發展的歷史軌跡劃分成相應階段來描述的話,不難發現其與人類文明史是同步的。當簡牘將甲骨取而代之成為新的文化載體時,中國歷史上出現了百家爭鳴百花齊放的文化大發展;而大唐盛世的文化繁榮和雕版印刷的廣泛應用應該是密不可分。同樣,晚清時傳媒文化的新局面自然與當時媒介技術的突破性發展密不可分。

1 晚清時媒介技術取得革命性突破

國外近代化機械和先進的印刷術的傳入使得我國近代出版事業產

---

115 參見《大公報》,1906年12月20日。

116 參見《大公報》,1910年6月18日。

117 參見《大公報》,1910年3月7日。

118 哈樂德・伊尼斯撰,何道寬譯:《傳播的偏向》(北京市:中國人民大學出版社,2003年),頁28。

生了深刻的變化。在我國近代出版史上，以印刷技術而言，雕版印刷術只是佔了很次要的位置，這時已由凸版、平版和凹版印刷術取而代之；以印刷出版的版料而言，則主要為鉛印和石印。由鉛字銅模的凸版印刷術，到石版印刷術等平版印刷以及後來發展的凹版印刷術，我國近代出版事業從此發展到一個嶄新的時期，並且為現代化印刷出版工作奠定了技術基礎。[119]不過，很多論者對西方傳教士在中國創辦第一批中外文近代報刊，主要從政治和社會文化方面作出評價，卻忽視了他們帶入的印刷新技術對於啟動中國新聞傳播活動的重要作用。

印刷技術和印刷材料設備的引進，使印刷複製技術從手工生產到機械化生產，極大地提高了書報刊等印刷媒介的印刷品質和印刷速度，增加了書報刊的數量，降低了印刷的成本，使書報刊由少數上層人士的專有品變為廣大民眾都可以看到的讀物，並使其內容擴大到各個領域，使知識信息得以大規模交流，各類新思想、新學說廣泛傳播，推動了社會的發展，促進了中國封建社會的解體和資本主義萌芽的產生。[120]

晚清以來，無論是電報還是郵政，都已與世界範圍內的信息傳遞體系接軌。在傳遞市場訊息中，電報的優勢更是凸現無疑，商賈貿易中可藉電報以通達市價，無者常絀而有者常贏。「物暢其流與人暢其行交互影響，加速了人口流動，加快了專業分工，增加了就業機會，擴大了城市規模，加快了城市化的步伐，有利於移民墾殖，開發邊遠地區，有利於加強地方與地方聯繫，加強中央與地方聯繫，增強國防實力，增強國家凝聚力，進而加快了人的空間、時間、倫理、價值等觀念的變化，促進了人自身的發展」。[121]

---

119 吉少甫：《中國出版簡史》（上海市：學林出版社，1991年），頁262。
120 陳燕：《超越時空——媒介科技史論》（保定市：河北大學出版社，2002年），頁39。
121 丁賢勇：《新式交通與社會變遷》（北京市：中國社會科學出版社，2007年），頁10。

總的來講，晚清時媒介新技術取得的革命性突破表現在以下幾個方面：一是，印刷技術對印刷速度與品質的提高；二是，造紙技術為印刷能力的擴展奠定了基礎；三是，電報技術對時間和空間的高度壓縮；四是，交通技術帶來傳播的四通八達；五是，其它光電技術上演傳媒現代化的前奏。

2 軍事創新「高壓鍋」催生出媒介新技術

正如有的論者所言，小冊子特別是新聞書與動亂和戰爭息息相關。在某種程度上，動亂與戰爭是新聞的發動機。[122]許多新的信息傳播技術最初是為了軍事目的而發展起來的。[123]然而，這些產生於軍事創新「高壓鍋」中的新技術，卻常常為後來媒體的應用提供了機會。晚清時情況亦然，比如，中俄的糾紛使電報得到採用，中法的戰爭使鐵路的建築得以開始。[124]電報在軍事上用途極大，「誠以兩國構釁，賴電報以傳遞軍機，則有者多勝，而無者多敗。」在戰場上「一遲一速之間，即勝負所由決矣」。軍事上的作用才是清廷下定決心引進電報技術的初始動機。

3 媒介新技術營造出傳媒制度新環境

在每一個時代，每一個國家，一方面是書寫媒介歷史的人本身的文化所構建的信息，與受眾對書寫媒介歷史的人的影響，構成了一種

122 馬淩・共和與自由：《美國近代新聞史研究》（上海市：復旦大學出版社，2007年），頁64。

123 大衛・巴勒特撰，趙伯英、孟春譯：《媒介社會學》（北京市：社會科學文獻出版社，1989年），頁81。

124 於德利撰，張雁深摘譯：《中國進步的標記》，載中國科學院近代史研究所史料編輯室、中央檔案館明清檔案部編輯組：《洋務運動》（八）（上海市：上海人民出版社，1961年），頁451。

複雜的辯證法，而媒介史正是以這一辯證法直接涉及集體精神的演變；另一方面，媒介史還涉及政治生活，因為政治生活深受與政府有著千絲萬縷聯繫的書面新聞或視聽新聞的影響。[125]近代通訊事業在晚清經歷了從無到有的歷程，儘管起步晚，但很快投入應用，在軍事情報、公文傳遞和民間活動中都起到了重要作用。

當時很多人已經充分意識到科技發展使社會性質發生的巨大變化，由此衡量一個國家富強的標準也發生了根本變化。在古代，一個國家富足的法子只有「種田、畜山坡幾件事」，但隨著時代發展，判斷一個國家富足與否更重要的是要看「製造廠多不多，鐵路電線密不密，貨物精不精，銷路廣不廣」。[126]也正如《孽海花》中指出的：「一切聲、光、化、電的學問，輪船、槍炮的製造，一件件都要學他。」[127]

西力在東漸過程中帶來的媒介新技術和傳媒新觀念在晚清社會形成了一個新場域。這個新場域形成了廣闊的現代色彩的社會文化基礎，造就了全新的受眾。新的傳媒制度環境的形成已是不爭的事實。

---

125 讓-諾埃爾・讓納內撰，段慧敏譯：《西方媒介史》（桂林市：廣西師範大學出版社，2005年），頁1。

126 參見《湘報》（北京市：中華書局，1965年影印本），第82號。

127 曾樸：《孽海花》（天津市：天津古籍出版社，2005年），頁9。

第二章
媒介技術發展引發媒體內部機制的變革

　　十九世紀下半葉，電報、電話均已出現，但應用範圍尚窄，還達不到成為傳媒普遍工具的程度。大眾傳媒機構主要仍限於書局、報館、期刊社等印刷出版[1]機構。隨著媒介技術的革命性進展，各種新式報刊和書籍在晚清迅速普及開來，兩者之中報刊更成為大眾傳播的利器。那麼，當時媒介技術的進展究竟對大眾傳媒機構的傳播理念、內容生產機制和經營管理制度產生了怎樣的影響呢？

第一節　媒介技術發展促進媒體傳播理念變革

　　正如邁克爾・埃默里（Michael Emery）等人指出的，「蒸汽印刷機這一自動印刷術的先導以及造紙術的完善，幫助改變了報業的性質」。[2]作為傳播發展的第一推動力，媒介技術的進步不僅決定了傳播媒介的更新，促進了傳播方式的變革，而且導致了傳播觀念的變革。

1　「印刷」和「出版」這兩個概念的所指雖然甚有差別，但是二者經常被同義交叉使用，本章中也未硬作區分。正如陸費達所言，「我國習慣，對於出版業和印刷業，向來界限不分。……就是我們同業，也很不容易分清它到底是出版業或印刷業，習慣上統稱書業」。參見宋原放：《中國出版史料・現代部分》（濟南市：山東教育出版社，武漢市：湖北教育出版社，2001年），卷1，下冊，頁415-416。

2　邁克爾・埃默里、愛德溫・埃默里、南茜・L・羅伯茨撰，展江譯：《美國新聞史：大眾傳播媒介解釋史》（北京市：新華出版社，2001年，第九版），頁140。

這種變革不僅體現在採寫編評等結構性要素上，甚至還作為一種道德力量深嵌於媒體的各項規章制度之中，型塑著傳播從業者的日常慣習。

一　媒介新技術推動報刊傳播理念的更新

多年前，馬克斯‧韋伯（Max Weber）就曾對中國的印刷術加以過討論，「印刷術是中國早就有的；但是，只是為了付印而且通過付印才成其為作品的那種印刷品（尤其是報紙和期刊），卻只是在西方才得以問世」。[3] 雖然早已有「邸報」，但中國近代[4]意義上的報刊事業是從外報開始的。傳教士將西方近代媒介技術與報刊觀念一併帶入中國，促成了中國近代意義上報刊的誕生。近代意義上的出版機構的出現以及新式報紙、期刊的繁榮，改變了中國報刊出版事業的傳統格局，對媒體從業者的傳播理念產生了直接影響，從而帶動了整個傳播業的發展，推動了中國社會的近代化進程。

1 外報帶來新技術與新理念

一八一五年八月五日，英國傳教士馬禮遜（Robert　Morrison）在

3　馬克斯‧韋伯撰，於曉、陳維綱等譯：《新教倫理與資本主義精神》（北京市：生活‧讀書‧新知三聯書店，1987年），頁6。

4　中國新聞傳播史的時段劃分常常湮沒於政治史的模式之中，很多人單向線性地認為一八四〇年是一個界線，之前就是傳統中國，之後則為近代中國，其實不然。畢竟中國的近代化是個相當漫長的過程，歷史本不存在什麼嚴格的分界線。而且，一個國家的制度和思想文化的整體轉變需要相當長的時間，更難以某個時間點截然二分。所以除了引用或轉述別人的理論，本書儘量避免將一八四〇年視為「近代」的起點。況且，刨根追底的話，連「近代」本身都不能算作嚴謹的學術概念。身處公元二〇一一年的今天，回首那尚不遙遠的一八四〇年，稱它一聲「近代」尚無可厚非；但若將眼光拉長，站在未來的某個時間座標再來回顧一八四〇年，「近代」這個概念顯然不再適用。

倫敦布道會派來的另一個傳教士米憐（William Milne）的協助下，在麻六甲出版了一份期刊《察世俗每月統記傳》。[5]《察世俗每月統記傳》雖創辦於境外，卻是我國近代化報刊的肇始。[6]其創刊號序文中寫道：「既然萬處萬人皆由神而原被造化，自然學者不可止察一所地方之名物，單問一種人之風俗，乃需勤問及萬世萬處萬種人，方可比較辨明是非真假矣。……所以學者要勤考察世俗人道，致可能分是非善惡也。」這就是報名「察世俗」這三個字的由來。[7]《察世俗每月統記傳》採用木板雕印，中國書冊式排版，每月一期，每期五頁，約兩千餘字，由馬禮遜和米憐分別執筆。在南洋一帶華人聚居地區免費贈閱，其中的一部分還由專人帶往廣州，和其它宗教書籍一道，分送給參加縣試、府試和鄉試的士大夫知識分子。米憐曾發表「告帖」，歡迎索取。起初每期印五百本，後增至一千本。此外，每年出版合訂

5　一八〇七年，倫敦布道會傳教士馬禮遜來到廣州，一八一三年，倫敦布道會的另一名傳教士米憐來廣州協助馬禮遜。當時廣州是中國唯一的通商口岸，但即便在通商口岸，清政府對外國人的活動仍作出種種限制，尤其是對傳教和辦報限制更嚴：「禁止西人傳教，查出論死，入教者發極邊。」「如有洋人秘密印刷書籍，或設立傳教機關，希圖惑眾，及有滿漢人等受洋人委派傳揚其教，及改稱名字，擾亂治安者，應嚴為防範，為首者立斬。」馬禮遜給倫敦方面的報告中寫道：「鑒於在中國境內從事翻譯印刷等等工作之困難，以及居無定所之事實，因而設中國差會本部於附近之基督教國家的領土內，以作將來中國開放之後加倍努力之準備，實係必要，而最適當之地點，無過於麻六甲。」馬禮遜和米憐在麻六甲進行傳教的同時，於一八一五年八月出版了中文版的《察世俗每月統記傳》。參見麥沾恩：〈中國最早的布道者梁發〉，《近代史資料》1979年第2期；方漢奇：《中國近代報刊史》（太原市：山西人民出版社，1981年），上冊，頁11；陳玉申：《晚清報業史》（濟南市：山東畫報出版社，2003年），頁2。

6　一般將出版於一九一五年的《察世俗每月統記傳》作為中國近代報刊的開端，但是據許正林先生《中國新聞史》的論述，《消息日報》於一八〇七年六月四日創辦於澳門，儘管其是葡文報刊，但它是中國境內第一份現代報刊。參見許正林：〈附〉，《中國新聞史》（上海市：上海交通大學出版社，2008年）。

7　方漢奇：《中國近代報刊史》（太原市：山西人民出版社，1981年），頁12。

本（全卷），印數少則五百本，多則達兩千本。到一八二一年，因米憐病重而停刊時，《察世俗每月統記傳》共出版七年，計七卷八十多期。[8]

　　傳教士創辦中文報刊的最初目的是宣傳宗教、傳播教義。這一主旨在《察世俗每月統記傳》中即有十分鮮明的體現。[9]馬禮遜在《出版自由論》中曾說：「人之為理性的造物，異於不會說話、沒有理性的牲畜，就是因為上天賜與語言。而且，聰明人在社交上談吐風雅，妙趣橫生，所以智者認之為遠勝於肉體上的任何享受。既然這樣，各國政府就無權壓縮個人的智力活動，正如不能剝奪他在肉體上的安舒或自然飲食一樣。根據這個原則，除了最危險的罪犯外，任何人都有紙筆墨的自由。在這方面，印刷機不過是效率較高的寫字機器罷了。在上帝的安排下，不論時空相隔多遠，它仍能使心靈相互溝通，而它給與理性造物的舒暢和效益，亦非身體上的快樂可比。因此，任何按這些正義而公平的原則辦事的政府，都不能禁止自由使用印刷機。沒有興趣閱讀的人可以不讀；但他們不能因為碰巧掌權，就去剝奪別人的樂趣。」[10]米憐也在文章中說，「善書乃成德之好方法」，《察世俗》

8　丁淦林：《中國新聞事業史》（北京市：高等教育出版社，2002年），頁36-37；方漢奇：《中國近代報刊史》（太原市：山西人民出版社，1981年），頁12。

9　《察世俗每月統記傳》「以闡發基督教義為根本要務」，因此，它以絕大部分篇幅宣傳基督教。它刊登了大量傳播教義的文章，如〈神理〉、〈聖經之大意〉、〈耶穌主義之大要〉、〈萬人有罪論〉、〈神主無所不知無所不在論〉；有時也採用對話的形式解說基督教理，如〈張遠兩友相論〉；還刊登批判異教的文章，如〈論不可拜假神〉、〈真神與菩薩不同〉等。除宣傳宗教外，還有倫理道德說教、淺顯的科學知識介紹、世界各國情況介紹，以及寓言、比喻和詩。米憐認為，要引起讀者興趣，光有枯燥的說教是不夠的：「但人最悅彩色雲，書所講道理，要如彩雲一般，方使眾位亦悅讀也。」參見陳玉申：《晚清報業史》（濟南市：山東畫報出版社，2003年），頁3；趙曉蘭：〈十九世紀傳教士中文報刊的歷史演變及其近代化進程〉，《世界宗教研究》，2008年第1期。

10　未亡人撰，鄧肇明譯：《馬禮遜回憶錄（全集）——他的生平與事工》（香港：基督

要成為「善書」，使得「淺識者可以明白，愚者可以成得志，惡者可以改就善，善者可以進諸德」從而達到「成人的德」之目的。《察世俗每月統記傳》登載的宗教以外的文章，只是米憐所說的「彩色」──使刊物不要過於枯燥。其中，「真正稱得上新聞的文章只有一篇，是一八一五年九月的〈月食〉，這是中文近代報刊的第一條新聞」。[11]

　　為了在《察世俗每月統記傳》的基礎上實現更好的印刷效果，西方傳教士在印刷技術的改進上投入了很大的力量。早在十九世紀三〇年代就有美國和法國傳教士在波士頓和巴黎製造並帶入了中文鉛活字，五〇年代外國人辦的印書館中又開始使用電鍍漢文字模和以二十四盤常用字為中心的元寶式字架，為各報所傚仿。到了七〇年代前後，多數中文報紙已經改用鉛字印刷，差不多在八〇年代，金屬活字已經在中國得到了非常廣泛的應用。

　　雖說西方傳教士辦報目的在於宣傳他們的宗教思想，而且他們所辦的印刷出版機構並非真正意義上的近代出版企業[12]，但我們應該承認的是，西方傳教士把西方近代的印刷技術和出版方式引入中國，撒播下傳播新觀念的種子，深刻地影響了我國傳媒事業和社會文化的進程。傳教士創辦的中文報刊在十九世紀乃至整個中國新聞史上，也應該佔有不該被忽視的位置。

　　隨著外國教會報刊在中國的發展，外國的商辦報刊也逐步發展起來，並逐步取代教會報刊成為了外國在華報刊的主要力量。外國商辦

教文藝出版社，2008年），頁529。未亡人即馬禮遜夫人艾思莊（Eliza Armstrong Morrison），原書名為 *Memoirs of The and Labours of Robert Morrison, D. D.*。

11 趙曉蘭：〈十九世紀傳教士中文報刊的歷史演變及其近代化進程〉，《世界宗教研究》2008年第1期。

12 因為其出版物早期皆免費派送，即使後來收取一定費用──但純粹是為了維持教會活動，目的仍不在營利。

報刊的發展是和外國資本主義侵入中國的過程相呼應的。這些報刊大部分辦在外國侵華基地和一些重要的商業城市，如上海、廣州、天津、漢口、北京、福州、瀋陽、旅順等地。創辦較早的是一八六一年十一月在上海出版的《上海新報》。它是上海第一張近代漢文報紙，八開型篇幅，用白報紙兩面印刷。[13]

在華外商與傳教士辦報目的不同，其經營動機主要是追逐利潤。他們所經營的出版機構伊始就是作為近代化的出版機構而存在的，無論是設備使用、管理方式，還是商業理念與經營模式等，都頗值得國人借鑒。比如，自古以來，中國的出版者都是集編輯、印刷和發行於一身的。這種前門開店、後院生產，自產自銷的經營模式導致中國的報刊出版長期處於較低的發展水準上。而這種情況的逐漸改變就和在華外商出版機構有著密切的關係。

按近代報刊理念創辦起來的外報，每一家外報都有明確具體的宗旨，並公之於世。很多報刊在創辦伊始便就辦報的目的、方法、內容以及其它有關問題向讀者進行說明。主要為商業貿易服務的《上海新報》在發刊詞中就說道：「大凡商賈貿易，貴乎信息流通。本行印此新報，所有一切國政軍情，市俗利弊，生意價值，船貨往來，無所不載。類如上海地方，五方雜處，為商貿者，或以言語莫辨，或以音信無聞，以致買賣常有阻滯，觀此新抵即可知某貨定於某日出售，屆期親赴看貨面議，可免經手輾轉宕延，以免買空盤之誤。」因此，這張報紙每期都刊登廣告、行情表、船期表。[14]

---

13 由上海英商字林洋行主辦，英美傳教士主編。初辦時主編為華美德，後由傅蘭雅編輯，第三任主編是林樂知。《上海新報》創刊時是周報，一八六二年五月七日改為每星期發行三次，到一八七二年七月二日才改為日報。參見梁家祿等：《中國新聞業史（古代至一九四九）》（南寧市：廣西人民出版社，1984年），頁35。

14 梁家祿等：《中國新聞業史（古代至一九四九）》（南寧市：廣西人民出版社，1984年），頁35。

安納斯脫・美查創辦《申報》之目的十分明確，那就是營利。他公開宣稱：「本報之開館，余願直言不諱焉，原因謀業所開者耳。」[15]美查是把報紙作為一種商品、把報館作為企業來經營的，所以《申報》一創刊就強調自己是「新聞紙」、「凡國家之政治，風俗之變遷，中外交涉之要務，商賈貿易之利弊，與夫一切可驚可愕可喜之事，足以新人聽聞者，靡不畢載」，「新聞紙之設，原欲以關新奇廣聞睹冀，流佈四方者也，使不事遐搜博採，以擴我見聞，復何資兼聽並觀以傳奇新異」。[16]創辦初期，美查又多次發表論說文，反覆說明「新報」與舊式《邸報》、《京報》的區別，「夫京報以見國家之意」，而「吾申新報一事，可謂多見博聞而便於民者也」。[17]一八七二年七月十三日，《申報》發表〈邸報別於新報論〉，認為「西洋各國之新報亦繫傳述各國國家之事，上自朝廷下至閭里，一行一言一器一物，無論美惡精粗備書於紙。中國之邸報與之各別者，邸報之制但傳朝廷之政事，不錄閭里之瑣屑而已，故閱之者學士大夫居多，而農工商賈不預焉，反不如外國之新報人人喜閱也。是邸報之作成於上，而新報之作成於下」。[18]一八七三年七月十八日又發表論說〈京報異於西土新報〉，說「新報是合朝野之新聞而詳載之，京報僅有朝廷之事，而間裏之事不與」。一八七三年七月二十日，該報繼續發表論說：〈論各國新報之設〉，文中說道，凡是西方興旺的大國，如英、美、德、法，「新聞紙亦為最盛」。「蓋自二百數十年以前，各國之新聞紙之未沒，而各國亦無如此興旺。」文章還談到了新報的作用，說「各國新報之設，凡朝

---

15 參見《申報》，1875年10月11日。

16 參見《申報》，1872年4月30日。

17 丁淦林：《中國新聞事業史》（北京市：高等教育出版社，2002年），頁58；吳廷俊：《中國新聞史新修》（上海市：復旦大學出版社，2008年），頁49。

18 參見《申報》，1872年7月13日。

廷之立一政也，此處之新聞紙，或言其無益；彼處之新聞紙或言其有損。朝廷即行更改。必待各處新聞紙言其盡善盡美而後為。……所以有一舉動，必經數十人之智。及其成功，則莫能為敵。」還說：「朝廷立政，小民縱慾有言，未免軍民分隔，諸多不便。一登於新聞紙內，則下情立即上達。至關閭閻行製器，或遠隔重洋，或另在他國，信函相商，多勞往返，一登新聞紙內，則千里如同面談。泰西新聞紙，其有益於朝廷閭閻也。」

這些論述反映了《申報》的辦報觀點，也是我國報紙上最早的關於報紙作用的論述。[19]《申報》的問世，標誌著這種每日刊行的、面向社會公眾的、以時事新聞為主的綜合性報紙，開始成為占主導地位的新聞傳播媒介。在上海，與《申報》齊名的還有《字林滬報》和《新聞報》。[20]尤其值得一提的是停刊於一九五一年的《字林西報》，它先後出版一百零一年，最高發行數字達七千八百一十七份，是在中國出版的時間最長，發行最廣，最有影響的一家外文報紙。[21]

十九世紀四〇至八〇年代的半個世紀，是外報發展的高峰時期，外報數量占當時中國報刊總量的百分之七十以上（不包括邸報、京報）。各通商口岸和京城的外報，還向中國內地擴散，成為中國境內影響最大的新聞傳播媒介。在此期間，外報在內容、形式、刊期以及結構類型等方面也有明顯的變化，與鴉片戰爭前大不一樣。[22]「日報之設始於泰西，至各口通商始流傳至中國。先是只澳門、香港或一月一出，或七日一出，雜載華洋交涉之事，文理尚不甚詳明。嗣是而上

---

19 梁家祿等：《中國新聞業史（古代至一九四九）》（南寧市：廣西人民出版社，1984年），頁36-37。

20 丁淦林：《中國新聞事業史》（北京市：高等教育出版社，2002年），頁53。

21 方漢奇：《中國近代報刊史》（太原市：山西人民出版社，1981年），頁37。

22 丁淦林：《中國新聞事業史》（北京市：高等教育出版社，2002年），頁44。

海、而漢口、而寧波、而廣州、而天津，報館如林，後先繼起，而議論漸求其宏富，事蹟爭尚夫新奇。各省風行，幾如布帛粟菽之不可一日缺」。[23]當然，外報的畸形繁榮，是外國資本輸入的一種表現。[24]

從一八一五年到十九世紀末，外國人在中國一共創辦了近兩百種中、外文報刊，占當時中國報刊總數的百分之八十以上。[25]在一九一一年以前，在中國境內共出版過一百三十六種外文報刊，其中五十四種由上海出版，占總量的百分之三十九點七。在五十四種外文報紙中，英文三十四種、法文十種、德文三種、日文七種。[26]除日報、周報、晚報、專業報刊外，上海工部局、上海海關等部門還發行機關年報或月報。所有這些借助西方媒介新技術發展起來的報刊，也都深深地打上西方傳播理念的烙印，並為國人自辦近代報刊提供了示範作用和專業人才儲備。

2 國人自辦近代報刊

在華外報不僅將近代報紙的實物展示在中國人的面前，而且把近代西方媒介技術、媒介經營方式和傳媒文化觀念引入中國，以成功的實踐成為國人的啟蒙之師，使國人自己創辦近代報刊有了可能。

中國人自辦近代報紙發端於洋務運動時期。國人自辦的最早報紙，一說是一八七二年在廣州出版的《羊城采新實錄》，但是這份報紙早就失傳，有關情況已不可考。所以，一般認為第一家國人自辦報紙是《昭文新報》，一八七三年八月八日由艾小梅創刊於漢口。該報初為日刊，由於讀者不多，後改為五日刊，裝訂成書，內容上奇聞軼

23 參見《申報》，1891年7月5日。

24 胡太春：《中國報業經營管理史》（太原市：山西教育出版社，1998年），頁6。

25 方漢奇：《中國近代報刊史》（太原市：山西人民出版社，1981年），頁10。

26 汪幼海：〈《字林西報》與近代上海新聞事業〉，《史林》2006年第1期。

事居多，間有詩詞雜作，因銷路不暢，不到一年便停刊。該報也早已佚失，詳情難考，只有《申報》對其略作介紹。另外亦有學者在英國倫敦的大英圖書館發現一份名曰《飛龍報篇》的華文報紙早在一八六六年就已出現在倫敦並行銷中國、朝鮮和日本等東亞地區。[27]

大眾傳播基本功能之一便是監測環境。環境監測又可分為對內和對外兩個方面，對外就是對別國的報導，以便能夠準確及時地獲得國外最新的時事動態和發展趨勢。早在鴉片戰爭時，林則徐為加強邊防就曾組織譯抄《澳門新聞紙》，雖然其側重於「瞭解夷情」和「採訪夷情」，以便能夠「師夷長技以制夷」，但這也多多少少反映了國人傳統辦報理念向近代的轉型。從十九世紀七〇年代初期國人自辦報刊，到九〇年代出現國人辦報熱潮，其間不過二十多年。這段歷史充分證明，中國需要近代報刊，中國人也能掌握和運用近代報刊。雖然邸鈔（閣抄）、京報等仍然存在，但國人自辦的近代報刊影響日廣，逐漸成為中國社會信息溝通的主導媒體。

戊戌維新是中國近代報刊史上一個重要的里程碑，也是中國近代思想文化史上一個新的起點，與近代報刊相輔而行的是近代出版事業的出現。[28]一八九六至一八九八年間出現的首次國人辦報熱潮，初步具有全國性、多樣性和進步性等特徵，在中國近代新聞傳播史上，這是首次出現國人辦報熱潮。這次熱潮，產生了著名的報刊和報人，提出了中國人的辦報理念，革新了文風，為我國報刊的發展開拓了道路。[29]一八九七年嚴復等人創辦的《國聞報》和上海的《時務報》遙

27 黃瑚、范書傑：〈新發現的歐洲第一份華文報刊《飛龍報篇》考〉，《新聞大學》，2004年春季號。

28 李侃撰，龔書鐸：〈近代中國與近代文化〉，《戊戌維新與中國近代思想文化史》（長沙市：湖南人民出版社，1988年），頁377。

29 丁淦林：《中國新聞事業史》（北京市：高等教育出版社，2002年），頁107。

相呼應，成為宣傳維新派思想和主張的重要輿論陣地。一九〇二年六月十七日，一份在中國歷史上具有重要地位和產生巨大影響的《大公報》（法文名字為 L'Impartial，即無私之意）於天津正式出版發行。《大公報》在辦報過程中以實踐活動以及推動創辦閱報社、宣傳介紹社會文化的新變化。它不僅記錄和反映了晚清時期中國社會文化的變遷，在某種程度上表達了民意心聲，而且還積極推動著社會文化的轉型。等到革命派登場以後，報刊更是成為與整個宗法體系作戰的武器，第二次辦報高潮也隨之興起。同盟會機關報《民報》與維新派的《新民叢報》關於國家體制的論戰已經觸及體制核心，直指統治者權威的合法性。

　　除了民間辦報的形勢風起雲湧，統治階層中也興起了開辦近代報刊的熱潮。早在一八九六年，官書局就曾出版《官書局報》和《官書局彙報》，儘管它們的內容極為簡單，「印送各路電報，只選擇有用者，照原文抄錄，不加議論，凡有關涉時政，臧否人物者，概不登載」。[30]也就是說，它們只登奏章和譯文，不發表論說，亦無自己採寫的新聞。但戈公振先生將其與《京報》相比，認為「不能不謂其有進步也」，故許多新聞史書把它作為清政府發行官報之始。

　　一九〇一年一月二十九日（光緒二十六年十二月十日）慈禧以光緒的名義頒佈「變法」的上諭，從此揭開了「新政」的序幕。隨著新政的實施，種種官報也開辦出來。最早出現的是《江西官報》和《湖南官報》，均在一九〇二年上半年創辦。這一年十月二十五日（光緒二十八年十一月二十六日）直隸總督兼北洋大臣袁世凱在天津辦《北洋官報》，以抵制私家之報「詭激失中之論」，「陷惑愚民」，「以講求

30　戈公振：《中國報學史》（北京市：生活・讀書・新知三聯書店，1955年），頁43。

政治學理，破錮習，濬智識，期於上下通志，漸致富強為宗旨」。[31]它們雖然形式上變化不大，但在內容上有了很大進步，不只是官府的喉舌，也傳播了不少信息和各種知識，在社會生活中有一定的影響。其中，《北洋官報》隨著袁世凱當時在政壇上影響力的擴大，甚至成為官報的樣板。

從官報發佈的諭旨、電文、奏議、公牘、剳文、章程、專件、調查中，可以看出國家政務公開的範圍和程度比邸報和《京報》擴大了許多，不單是有限的動態報導，也有很多對推行新政、預備立憲、地方自治等的實施情況的報導，以及反對迷信、禁止種植、吸食鴉片，女子放足、鼓勵留學等的宣傳，甚至有些涉及統治階級內部的信息，亦不加掩飾地納入官報發佈範圍，如〈御史齊奏財政困難亟宜開源節流以裕國帑摺〉、〈督憲奏庫儲奇絀減免扣摺協餉摺〉、〈度支部奏遵章試辦宣統三年預算並瀝陳財政危迫情形摺〉、〈度支部奏調查各省歲出入款項總數摺〉。這些奏摺不僅暴露了清政府的財政窘迫，而且也反映出人民大眾的疾苦，要求朝廷「早定政策，以維持全面」。

人們從官報上不但看到有限的動態消息，還能看到更多的內容，再加上地方新聞、國內外新聞，擴大了閱讀的空間和範圍，尤其是印刷技術的先進，使官報擺脫了傳統的模式，完全取代了內容貧乏的《京報》，而且正在向現代報刊過渡。[32]當然，由於其文牘色彩過濃，許多有益的內容彰而不顯，官報的社會影響依然十分有限。

當印刷技術發展到一定程度以後，物質性的技術慣性會內在地產生出文化生產的要求。小報在晚清的興起恰恰為這種文化生產的要求提供了最好的詮釋。小報與大報的不同不但在於內容，亦在於外型，

---

31 戈公振：《中國報學史》（北京市：生活・讀書・新知三聯書店，1955年），頁55，注釋5。

32 王綠萍：《四川近代新聞史》（成都市：四川大學出版社，2007年），頁166。

「它的紙張，大小最有分別，小報只有大報紙張之半；大報每份都有數張，小報則每份僅有一張。再說：大張都是靠廣告，廣告越多，紙張越加多。小報則靠發行，往往僅有半張的紙，卻能與大報數張的紙的價目，並駕齊驅，這便是短兵相接的，也有它的足以勝人之處了」。[33]這些小報「篇幅較小，一般為八開或小於八開的小型報紙，它以消遣性為主旨，內容包括新聞、小說、隨筆、遊記、小品文、新舊體詩詞、掌故、影戲舞動態、社會知識和生活話題等。一言以蔽之，小報是休閒性的小型報紙。版面是小報的物質形態，休閒性是小報的精神實質，判斷是否小報須同時考慮篇幅和內容兩方面的特點」。[34]它們的生存策略是以中下市民為接受群體，與大報展開競爭，「補大報之不足」，堅持自己「簡便」的、「以小為本」的方針，將色情（所謂「花」）、筆戰（所謂「罵」）兩相結合，「軟」「硬」兼施，走趣味化、民間化、平民化的辦報路子。[35]報紙的內容、版面都呈現平面化展現的態勢，不規避俗語和方言，加強圖像化。但小報也是依託新聞而存在的，只是在刊載新聞方面，與大報相比自有其特殊之處，一般專載瑣聞碎事，而無國內重大電訊記載，常用側面或透視的方法來觀察社會，即使新聞也偏重趣味性，以軟性為多，甚至新聞記事都變得章回小說化。這些小報可謂早期《申報》向下的延伸，是市民文化在商業文明吹拂下發生異化的必然結果。當然，它們與維新運動並非完全游離，不少小報文人與維新人士一樣也接受了西方新的傳播理念，把報紙作為表現自己價值觀念的工具，同時也以不同的言說方式參與

---

33 包天笑：《釧影樓回憶錄》（香港：大華出版社，1971年），頁445-446。

34 李楠：《晚清民國時期上海小報》（插圖本）（北京市：人民文學出版社，2006年），頁22。

35 李楠：《晚清民國時期上海小報》（插圖本）（北京市：人民文學出版社，2006年），頁9。

了這場思想文化運動。實際上，小報乃當時聚集於上海的中下層文士主要的讀物，影響之深廣、反映出的集體心態不下於政治刊物。小報能將舊主題以新形式表達出來，在看似陳腐的地方，不知不覺中表達出新意，新舊交雜間更顯出士人的真實心態。

掌握了足夠的媒介技術與印刷出版工具之後，即使位置偏遠亦可大量而快速地生產印刷品。進入二十世紀以後，省城以外的許多城鎮也開始有士紳商人購進印刷機器，成立印刷局。如一九〇三年保定從日本購進機器，苦惱於無人會用[36]；同年王子余成立紹興第一家鉛印廠紹興印刷局；一九〇四年鄭州馬超然、馬昂然成立文亦可印刷所，從事石印鉛印；一九〇四年湖南常德有人因要辦報，托日本朋友購買印刷機器；揚州亦有人訂購鉛字機器，開設印書局；鎮江魏小甫則接手《南京日報》館的印字機器開設印刷局。[37]

報紙之外，各種期刊雜誌也相繼編輯出版。其中專業學術刊物的出現，促進了中國學術的發展，如戈公振所評價的「一國學術之盛衰，可於其雜誌之多寡而知之」。[38]還有多種大眾化的娛樂雜誌和畫報，例如，《點石齋畫報》以石印技術，採用雅俗共賞的畫報體式，及時報導各種新聞時事、西學新知以及平民趣味，「因點石齋畫報之起，上海畫報日趨繁多，然清末數十年，絕無能與之抗衡的」。[39]而大量新式文學期刊的出現，以及報刊連載小說形式與稿酬制度的建立，培養了職業的報人和作家，改變了編輯與作者、讀者之間的傳播關

---

36 編譯局之印刷事業，《國民日日報》，1903年9月25日。

37 參見〈沅報開辦〉，《警鐘日報》，1904年2月26日；〈創興印書局〉，《警鐘日報》，1904年3月30日；〈印局將開〉，《警鐘日報》，1904年5月27日。常德此報似乎沒有辦成，在《中國近代報刊名錄》中沒有記載。

38 戈公振：《中國報學史》（北京市：生活・讀書・新知三聯書店，1955年），頁185。

39 阿英：《晚清文藝報刊述略》（上海市：上海古典文學出版社，1958年），頁92。

係，促進了近代新文學的發展。一些出版社也同時經營多種印刷媒介，如商務印書館先後編輯出版了《繡像小說》、《東方雜誌》、《小說月報》、《教育雜誌》、《婦女雜誌》等雜誌，與圖書出版相互補充，擴大了經營規模和市場競爭優勢。

再從期刊的印刷方面來看，十九世紀末二十世紀初的鉛印技術已經相當成熟，遠勝雕版。比如包天笑曾與志同道合的朋友組織了一個學會，叫做勵學會，並出了《勵學譯編》的月刊，「每期約三十頁，內容大半譯自日文」[40]，因為當時蘇州沒有鉛字印刷所，他們只得送到蘇州最大的刻字店毛上珍採用木刻出版，「毛上珍刻字店也很努力，刻字和排字一樣的迅速，這三十頁木板書，盡一個月內刻成」[41]，而當時的鉛印技術已是朝甫脫稿，夕即排印，十日之內，遍天下矣，這樣的效率自是木刻所不能媲美的。

二十世紀以來，在上海以外的地方發行的中文期刊大量增加，即使上海出版的中文期刊無論從數量或品質而言仍居舉足輕重的地位，但就總類而言，上海發行的期刊占全部中文期刊的比率從一八七五至一八九四年的百分之四十一點四降到了一九〇六至一九一一年期間的百分之二十二點九。這並不意味著上海中文期刊數目減少，實際上後者的數量是前者的七倍之多，而是在上海以外創辦的期刊數量大幅增加而已。

回顧媒介技術對晚清報刊傳播理念的影響，不難發現，當一種具有一定生產規模，強調投入、產出，形成某種生產、銷售（消費）和再生產的文化生產機構確立以後，它對於勞動的組織、生產的速度和效益要求就內在地生長出來。在這個新的機構和組織內部，原有的知

40　包天笑：《釧影樓回憶錄》（香港：大華出版社，1971年），頁166。

41　包天笑：《釧影樓回憶錄》（香港：大華出版社，1971年），頁167。

識理想、人際關係、勞動倫理、價值取捨，人們日常生活中的行為，漸漸會改變，進而形成新的文化組織和觀念認同。[42]這種局面的出現不是傳播者的獨出心裁或行事風格所致，而是由於新式媒介技術的廣泛運用所展現的結果。

二 媒介新技術促進書籍出版的工業化進程

鴉片戰爭後，首先進入中國的是與中國傳統出版有著顯著差異的傳教士出版機構。據統計，十九世紀四〇到九〇年代之間，有十七家基督教出版機構先後成立，並且遍佈全國各地。這些機構帶來了西方先進的印刷技術和設備，石印技術、銅活字、鉛活字等也紛紛被引入中國。西方印刷技術和中國漢字的結合，改變了沿用千年的舊的雕版技術和簡單的手工撲刷操作，為出版印刷業擺脫傳統印刷方式提供了可能。

新式圖書既成為一種新的文化載體，也成為一種新的經濟產品。新式圖書以近代印刷技術為物質手段，把近代出版奠基於新的機器生產力的基礎之上，將近代出版拉入到機器文明的時代。[43]十九世紀中葉以後，新式印刷機器和洋紙大量湧進中國，對傳統的裝訂技術和裝訂工藝產生了較大影響。當時有用手工製作的連史紙和毛邊紙印書的；也有用洋紙的。中國紙是對折單面印刷，洋紙是單頁雙面印刷，因用紙的變化，書頁的裝訂由折頁齊欄線訂的形式變為大張連折的裝訂，這成為現代平裝書形式的開端，同時，已開始有了所謂的精裝。

---

42 雷啟立：《印刷現代性與中國現代文學的發生》（上海市：華東師範大學博士學位論文，2008年），頁72-73。

43 王建輝：《出版與近代文明》（開封市：河南大學出版社，2006年），頁3。

平裝、精裝乃西式裝訂，它的採用標誌著中國傳統的線裝書地位開始
發生變化。[44]

　　洋務運動興起後，印刷出版機構紛紛出現，印刷設備逐漸機械
化，並形成了一定的出版與銷售規模。同治、光緒時期，官方大規模
興辦書局，大量刊印傳統經史典籍，以恢復太平天國運動之後受到重
創的圖書出版業，維持「文教」的傳統。例如左宗棠設局寧波刊經
書，是為了使「經史賴以不墜」，而「在一八九四年的甲午中日戰爭
之後出現了變化，即由為刊刻經受讀本之類而設置轉向為譯刻西學書
籍而設置」。在經營方面，「官書局活動經費包括刻書、購書成本，人
員薪水等，主要來源於公款」，此外也有官紳捐款、設置者本人出資
等形式。因「經費充裕，刻書亦多」，總的說來，「書局之目的係為普
及教育，造就人材，其經費並不追求贏利」[45]，因此官書局作為出版
機構，在保存與傳播文化方面起到了不容忽視的作用。而且，這一時
期的官書局已將編譯、刻印、發行等部門統籌起來，形成了較大的規
模，「僅江南製造局翻譯館一八七一至一八八〇年就出售八萬餘冊漢
譯圖書」[46]，從而與以往的官方編輯刻印圖書的活動有了很大區別。

　　書籍作為信息傳播的重要載體，天生帶有經濟合理性和政治合法
性的雙重關係。一般而言，印刷出版機構一方面要通過印刷品的生產
和傳播獲取最大經濟收益，另一方面又具有服務公眾、傳播文化的義
務。然而晚清時的官書局為了服務特定的政治目的，片面強調社會效
益、忽視經濟屬性的角度看，這一點與教會出版機構倒也有類似之處。

---

44 來新夏等：《中國近代圖書事業史》（上海市：上海人民出版社，2000年），頁132。

45 梅憲華：〈晚清的官書局〉，收入程煥文：《中國圖書論集》（北京市：商務印書館，
　　1994年），頁366-376。

46 邵培仁：〈海關‧宗法顛覆論綱——傳媒對中國社會的影響〉，《杭州師範學院學報》
　　（社科版），2005年第3期。

　　十九世紀末，資本主義性質的民營出版企業大量興起，經過上千年漫長時期形成的傳統手工雕版和刻字技術日益衰落，尤其是以宗族化倫理道德為價值觀組織起來的印刷生態和銷售系統受到了巨大衝擊，傳統印刷出版結構被重新調整。時任商務印書館編輯的葉聖陶，曾經表達過自己對近代機器文明的切身感受：「高大且陰沉的廠屋在路的兩旁，喧響而單調的機器聲振盪得人心煩亂，機器油的氣味散佈於空間，充滿著勞工生活的感覺。我向前進行，環顧圍繞我身的境界，只覺得我的——也許是人類的——微小和無能。這是那個書局的印刷部。我從窗外望進去，每一架機器都在那裏運動。屈伸的槓杆彷彿我們的臂膀，但是運動的遲速卻絕對的均勻，沒有倦怠的意思。一張白紙被鐵板翻過去，翻轉來時什麼都印上了。站在旁邊的工人似乎是全沒用處的。」[47]這樣的描寫無疑表現了機器文明對人們視野的影響。

　　按照陸費逵的記述，萌芽時期的鉛印業，「殊不足道，所印的書既寥寥，每年營業也不過數十萬元」[48]，清末書業營業額「大約每年不過四五百萬元」，到了民國初年「約一千萬元」。[49]僅上海一地，就有點石齋、同文書局、拜石山房、掃葉山房等八十餘家書店先後開展石印業務。點石齋為英國人美查於一八七四年所辦，他在上海既辦《申報》，又開圖書集成局和申昌書局，石印與鉛印兼營。點石齋石印的《康熙字典》，「第一批印四萬部，不數月而售罄」，「第二批印六萬部……又不數月而售罄」[50]，也就是說，不足半年便銷售十萬部，

---

47 葉至善等：《葉聖陶集》（南京市：江蘇教育出版社，1988年），卷5，頁35。

48 陸費逵：〈六十年來中國之出版業與印刷業〉，張靜廬輯注：《中國出版史料補編》（北京市：中華書局，1957年），頁27。

49 陸費逵：〈六十年來中國之出版業與印刷業〉，張靜廬輯注：《中國出版史料補編》（北京市：中華書局，1957年），頁279。

50 張秀民：《中國印刷史》（上海市：上海人民出版社，1989年），頁591。

開創了中國圖書史上的一個紀錄。此外，點石齋還大量刊印《十三經》、《佩文韻府》、《駢字類編》等圖書，獲利頗豐。不過，由於石印原料，如石板、油墨等都需要進口，中國普通人開始時無法接觸到這些技術，因此無論石印、還是鉛印，前期大部分都為西方人所壟斷，十年之後，直至一八八一年才有浙江人開設拜石山房、廣東人開同文書局。

商務印書館是當時民營出版業的龍頭，也是中國近代出版機構的典型。商務印書館於一八九七年由夏瑞芳等人在上海集資創辦，最初以經營印刷業務為主，一九〇三年商務印書館成立了自己的編譯所，健全了以編輯部門為中心，編輯、出版、發行綜合運作的體制。張元濟作為編譯所所長，既有以「扶助教育為己任」的文化眼光，又有經營管理和商業運作的有效手段。在他的主持策劃下，商務印書館編輯出版了大量新式圖書，其中包括新式教科書系列、新式工具書和翻譯西方名著等，這不僅推動了近代文化教育事業的發展，產生了巨大的社會反響，也為出版社帶來了豐厚的利潤，在當時的圖書市場中佔了很大的份額。

十九世紀末二十世紀初，印刷出版得到快速發展的一個重要表現就是出版機構數量的空前增多：一九〇〇至一九一一年間光出版小說的書局、書坊就有近三百家。[51] 據鄭士德考證，光緒三十三年（1907），僅上海一地出版小說就有一百二十餘種，整個清代後期全國文藝類小說超過一千種，其中《兒女英雄傳》、《三俠五義》、《施公案》、《彭公案》、《官場現形記》、《二十年目睹之怪現狀》、《老殘遊記》、《孽海花》等都成為暢銷書。而這些品種，百分之九十以上採用

---

51 黃林：《晚清新政時期圖書出版業研究》（長沙市：湖南師範大學出版社，2007年），頁235。

鉛印,大幅降低流通價格,保證其暢銷不衰。[52]除了小說外,各地書坊在學堂集中之地大量銷售《革命軍》、《黃帝魂》、《警世鐘》等書,不少書莊暗中翻印,學生爭相購取。這一盛況與戊戌時期維新派《中外紀聞》派送時「送報人懼禍,懸重賞亦不肯代送」的情形形成鮮明對照。其中最有影響的圖書當屬鄒容的《革命軍》(一九○三年出版),「在上海租界印刷二十多版,總髮行量超過一百一十萬冊,離上海遠的地方,因為不易得到此書,竟然賣到十兩銀子一部。來上海販書的人,把書夾雜在放滿衣履、食物的箱籠中,雖有清兵盤查,也不易發覺」。[53]

光緒三十一年(1905年),上海還成立了以出版雕版書、石印書、翻印古書為主的書坊同業組織上海書業公所,同年又建立了以出版新書為主的書店同業組織上海書業商會,另外還先後成立了上海書業商民協會和上海新書業公會等組織。據光緒三十二年六月上海書業商會出版的《圖書月報》第一期,僅就入會的出版業來說已有二十二家。[54]

中國近代圖書出版業的發展,是以近代化為目標走向的,實質上是一個近代化的過程。它既是此前,特別是進入近代以來中國圖書出版業多年積纍和發展的結果,也成為民國時期圖書出版業發展的邏輯起點。在這短短的十年時間裏,中國的圖書出版業基本完成了由傳統到近代的轉型,初步走上了近代化的道路。[55]

---

52 何明星:《著述與宗族──清人文集編刻方式的社會學考察》(北京市:中華書局,2007年),頁168。

53 陳正宏、談蓓芳:《中國禁書簡史》(上海市:學林出版社,2004年),頁269。

54 李澤彰:〈三十五年來中國之出版業〉,張靜廬輯注:《中國現代出版史料》(北京市:中華書局,1959年),頁384。

55 黃林:《晚清新政時期圖書出版業研究》(長沙市:湖南師範大學出版社,2007年),頁289。

　　印刷技術革命是引起中國近代書籍出版深刻變革的導火索,「它把千百萬個私人刻書、印刷系統趕出圖書鏈條,代之而起的是專業化的編輯出版機構、以追逐利益最大化為目標的市場銷售體系」[56],書籍與其它日常消費品一樣,被硬生生拽進大工業化生產的軌道之中,隨之引起中國傳統出版文化生態的整體改變。

第二節　媒介技術發展促變媒體內容生產機制

　　媒介形式影響甚至規定著內容,一定的形式與一定的內容相連,以至難以將特定媒介形式與其所傳遞的特定信息或內容相分割。[57]每種媒介都有其特有的傳播手段,就書籍報刊而言,其裝幀也是一種特殊的語言,蘊含著豐富的敘事機制和信息。近代報刊正是憑藉一系列印刷的視覺符號作為傳播手段來傳播信息的——這種特有的傳播手段使得報刊與其它媒介區分開來,也使得近代報刊在傳統邸報的基礎上有了較為明顯的發展。

一　媒介新技術促成報導新規則

1 電報的使用與「倒金字塔」文體的形成

　　每一種傳播技術的進步,都會以自己的媒介個性,通過不同的方式,不斷地向人類展示信息的特質,從而不同程度地強化、完善著新

56　何明星:《著述與宗族——清人文集編刻方式的社會學考察》(北京市:中華書局,2007年),頁169-170。

57　何道寬:〈媒介即文化——麥克盧漢媒介理論批評〉,《新聞與傳播研究》1997年第4期。

聞文體的自覺意識。[58]信息報導形式成熟以前，信息的報導主要採用的是文學記敘文的形式。此種形式的信息受眾理解起來要花費一定的時間。

電訊稿出現是晚清時期消息寫作中的一件大事。一八八三年底，天津到上海的有線電報創始。一八八四年二月二十三日，《申報》刊出天津發來的朝廷諭旨四道，全文如下：「光緒七年十二月二十五、六日奉上諭，著禮部左侍郎張雲卿調補；來到任以前，著徐郙兼署。工部侍郎兼管錢法堂事務著孫敏汶補授；未到任以前，著徐郙用儀署理。徐用儀所署都察院付御史著孫驤署理。欽此。」

這是中國報刊史上的第一則電訊稿。實際上用新聞形式轉發上諭。電訊的出現對報紙改革、對新聞寫作改革，都產生了巨大影響。在中法戰爭、中日甲午戰爭以及國內重大事件中，《申報》、《字林滬報》都紛紛用電報拍發消息。例如《字林滬報》一八八五年三月三日兩條電訊：「上元之夕十二下鍾時接得甬江來電：悉法提督孤拔乘坐巴夏爾兵艦闖入寧波海口。鎮江防營所伏之水雷並不烈轟，防營統帶急飭將海口填塞，餘船皆不得進」，「昨又接寧波西友來電云：頃有法兵艦四艘遊弋於鎮海口外虎蹲山洋面，旗昌行之江表輪亦泊彼處」。

當時，電報費用貴得驚人。從天津到上海，每字一角五文，從寧波到上海，每字一角二文。這逼得報社對電訊稿特別慎重，不是重大事件不發電訊；逼得記者對電訊字斟句酌，把一切空話廢話，一切議論統統去掉，只簡潔樸實地敘述事實。[59]這也在客觀上促進了倒金字塔結構的消息文體的出現。當然，除了費用問題之外，還有兩個原因也促進了倒金字塔結構問題的形成：一是當時電報機很少，而且電報

---

58 齊愛軍：〈新聞文體發展演變的動力機制探討〉，《新聞界》2006年第4期。
59 李良榮：《中國報紙文體發展概要》（福州市：福建人民出版社，1985年），頁11。

信號難以保證，時斷時續，在這種客觀條件下，必須在發送新聞時首先要報導最重要的事實；二是戰爭當中報導的持續性難以得到保證，只有先報導最重要的事實。

倒金字塔結構把最主要的信息以五要素齊全的形式全部放在導語裏，其它次要信息則按照重要性遞減的順序依次安排。這種信息形式安排符合受眾的認知心理，使受眾一看文章的開頭即一目了然，有利於受眾閱讀和收看信息時掌握重點，迄今仍作為一種最基礎的信息表達形式被媒介使用。

實際上，不僅僅是報刊上面的文章受到電報技術的影響，應該說整個晚清的文風都趨向簡樸，這其中有個重要的原因就是因為電報費用昂貴，人們不得不在電文中去掉冗詞贅句。這種文風甚而在政府文書中也有所體現——政府文書中出現了「電牘」這種新格式，其特點是「語質而事核，詞約而理明」。清政府從一八八四年三月在軍機處檔案中專列了「電寄檔」（上諭）與「電報檔」（往來緊急信）。後來由於電報的廣泛使用，連清朝實行二百多年的「廷寄」（即朝廷寄發諭旨）也逐漸廢除了。[60]

新文體逐漸取代舊文體，這不是一個簡單的文體形式的改變，其中隱含著價值觀念的更新和轉變。與採用西曆一樣，形式上僅是曆法的改變，可實際上它卻從根本上重塑了人們的行為習慣和生活方式。

2 電訊的產生激發了新聞時效性的追求

電報發明之前，信息的傳播只能與傳輸工具同速。電報的發明給人類傳播帶來了革命性的飛躍，這對新聞報導的寫作就有了時效性的追求。

---

60 郵電史編輯室：《中國近代郵電史》（北京市：人民郵電出版社，1984年），頁70。

　　隨著電訊交通事業的發展，和電報之被利用來傳遞新聞稿件，在這一時期的報紙上出現了中國歷史上最早的一批新聞專電。報紙上有「電訊」，在我國是從十九世紀七〇年代開始的。當時以上海為中心，有兩條和國外聯繫的有線電報線路。一條由上海經廈門、香港至歐洲，一條由上海經長崎至北太平洋各地。早期的電訊就是從這兩條線路傳來的。一八七一年一月三十日《申報》刊載的報導英內閣改組消息的那條「倫敦電」，是中文報紙上刊載的第一條新聞電訊。不過在當時，這一類電訊，大部分是從洋行往來電報存底中抄來的，發表時只含糊地標出「倫敦電訊」、「紐約電訊」、「電音匯錄」等字樣，一般不注明出處。很明顯，還不是新聞記者直接拍發的。[61]

　　中國最早的海底電纜出現在一八七一年，丹麥大北電報公司擅自鋪設的香港和日本長崎到上海的電報水線，其傳輸路線是從吳淞到川石山——香港——關島——新加坡——歐洲，通過該線路，歐洲的電報通訊，在上海當天，最多不超過一天就可以收到。

　　一八八〇年，李鴻章在天津設立電報總局，派盛宣懷為總辦，並在天津設立電報學堂，聘請丹麥人博爾森和克利欽生為教師，委託大北電報公司向國外訂購電信器材，為建設津滬電報線路作準備。一八八一年四月，從上海、天津兩端同時開工，至十二月二十四日，全長三千〇七十五華里的津滬電報線路全線竣工。一八八一年十二月二十八日正式開放營業，收發公私電報，全線在紫竹林、大沽口、清江浦、濟寧、鎮江、蘇州、上海七處設立了電報分局。這是中國自主建設的第一條長途公眾電報線路。電報誕生後，很快成為中國各界信息交流的新寵，新聞界也開始利用這一新技術。一八八三年英國大東電報公司的海底電線從香港延伸到吳淞，也開始了中國的國際電信業務。[62]

---

61 方漢奇：《中國近代報刊史》（太原市：山西人民出版社，1981年），頁51-52。

62 不過，中國國際新聞的收發長期仰仗外國電信公司，直到一九三一年二月交通部國際電臺在上海的建立，才打破了外國電報公司對中國國際電信事業的壟斷。

　　一八八二年一月十六日，《申報》首先刊出該報駐京記者經由天津拍來的一條關於清廷查辦一名瀆職官員的電報消息，這是見於當時報紙的，由報社記者親自拍發的最早的一條新聞專電。當時，電報只通到天津，這條消息是一月十四日由那個駐北京的記者用快馬送到天津，發至上海的。收到電報的時候，版已排好，來不及在十五日見報，晚了一天，但和過去北京的消息往往要七八天乃至半個多月以後才能傳到上海的情況比較起來，已經是快得多了。此後，隨著國內各路電報線路的陸續鋪設成功，新聞電報的使用越來越普遍，效率也越來越高。一八八二年十月二十四日順天鄉試在北京放榜，《申報》駐京記者將江、浙、皖三省上榜者名單當日送到天津，轉電上海，次日見報，距北京放榜時間僅二十四小時。中法戰爭期間，越北諒山一帶的戰訊，由該報「隨軍訪事人」送至廣西的龍州，轉電上海，使這一類消息的見報時間，由以前的四十多天縮短到一至三天。一八八五年六月九日中法雙方在天津簽訂《中法越南條約》，《申報》駐津「訪友」於六月十日得到條約全文，連夜拍發到上海，第二天就全部見報，這在當時，都曾引起很大的關注。[63]

　　由於電訊來得快，一些重要的消息，急於刊佈，等不得第二天見報，於是產生了「號外」。在這一時期的報紙中，最先發行「號外」的是在上海出版的兩家英文報紙《字林西報》（North China Daily News）和《晉源報》（The Shanghai Courier），時間是一八八三年，內容是有關中法雙方在越南交戰的消息。[64]

63　方漢奇：《中國近代報刊史》（太原市：山西人民出版社，1981年），頁52。

64　一八八四年八月六日晚七時，《申報》也出版了它的第一份「號外」，刊佈了半小時以前剛剛接到的、該報駐福州記者發來的，關於「駐榕法艦尚無動靜」的專電。在此後不到一年的時間裏，這個報紙還陸續印發過報導以下內容的幾期「號外」：〈傳基隆失守〉（1884年8月9日）、〈基隆守軍大捷〉（1884年8月10日）、〈中法談判破裂法使下旗回國〉（1884年8月22日）、〈閩海將有大戰〉（1884年8月23日）、〈臺北淡水

　　初始，電訊主要用來傳「上諭」，自己採訪的新聞並不多。不過隨著競爭的加劇和傳播技術的發展，很多報紙皆闢「本報專電」，以電訊多而快作為競爭手段。有些報紙無力承擔電報費用，就用偷竊、假造辦法。到了武昌起義前後，《民立報》、《申報》等報已經整版刊登電訊，每天多到三、五十條。

3 電報使得新聞的合作採集成為可能

　　電報顯著地改變了新聞界，增強了現代的新聞觀念，「解決了現代報刊最基本的技術需求，也就是說，它把報紙由個人的記事工具（報紙立場完全由個人風格所決定）和黨派的喉舌，改造成以報導新聞為首要任務的信息傳播者」。[65]同時，電報也改善了現行的新聞採集方法，使報紙有了國內和國際性的新聞，使報界有系統地合作採集新聞成為必要和可能。在此背景下，通訊社應運而生——通訊社是專門搜集和供應新聞稿件、圖片和資料的新聞機構，是其它大眾傳媒，如報紙、廣播電臺和電視臺等新聞信息的主要來源之一。

　　從十九世紀七〇年代起，外國通訊社和外國報紙在中國設立分支機構，派記者常駐，向中國報刊發稿。最早是英國路透社，於一八七二年派柯林斯（Henry Collins，亦譯作科林茲）來華，在上海建立遠

大捷〉（1884年10月15日）、〈鎮海大捷〉（1885年3月2日）、〈法艦炮轟寧波小港炮臺〉（1885年3月14日）、〈龍州大捷〉（1885年3月30日）、〈中法立約畫押〉（1885年6月11日）。其中〈閩海將有大戰〉這一期「號外」，出版於中法馬尾海戰的當天（馬尾海戰爆發於這一天下午的一時四十五分，歷時三十分鐘，南洋海軍在這次海戰中全軍覆沒），相當敏感地反映了這一地區雙方一觸即發的戰鬥勢態。這也是這一時期中文日報所發行的第一批「號外」。參見方漢奇：《中國近代報刊史》（太原市：山西人民出版社，1981年），頁52-53。

65 支庭榮：《西方媒介產業化歷史研究》（廣州市：廣東人民出版社，2004年），頁20-21。

東分社。[66]這是外國通訊社同我國發生的第一次接觸，上海在我國城市中首先被連進國際通訊社網路。

路透社上海遠東分社剛剛成立時，主要是採訪中國新聞向總社發稿。其次是單獨向上海英文報紙《字林西報》發稿。首先採用路透社電訊稿的是《字林西報》。隨後，除外文報刊採用該社電訊稿外，許多中文報刊也出現了「路透電」。[67]《字林西報》刊登的路透社電訊，都印有「特別供給字林西報」這幾個字，說明該報享有路透社電訊的獨佔權。上海英文報紙《文匯報》為了打破《字林西報》對路透社電訊的獨佔權，經常轉登《字林西報》的路透社電訊。《字林西報》向英國法院提出控告，結果《文匯報》敗訴。經過這一事件後，一九〇〇年，上海遠東路透分社才開始向上海的外文報紙普遍發稿。路透社開始向中文報紙發稿是一九一二年。當年有十八家中文報紙訂閱路透社電訊。

二 媒介新技術促進了把關人機制的演變

1 編輯成為專職的把關人

無論是記載文字的物質材料的演變、圖書生產手段的進步，還是複製技術的變革和發行方法的變化，都對編輯工作有著深遠影響。簡言之，編輯業務的每一微小的變化和進展，都可以從現實生活中找到這一變化的社會原因和歷史軌跡。

中國古代負責編輯整理舊籍是被稱為四民之首的「士」階層。

---

66 丁淦林：《中國新聞事業史》（北京市：高等教育出版社，2002年），頁57；胡道靜：《新聞史上的新時代》（上海市：世界書局，1946年），頁50。

67 丁淦林：《中國新聞事業史》（北京市：高等教育出版社，2002年），頁57。

「中國史上有一個源遠流長的『士』階層似乎更集中地表現了中國文化的特性，也似乎更能說明中西文化的異質之所在」。[68]歷代學者則不斷以箋、注、疏等著述形式，對儒家經典進行闡釋。唐初已經有了「九經」的名目，後來又增加《論語》、《爾雅》、《孝經》、《孟子》，逐漸形成了十三經及其箋、注、疏的叢書系列。這些叢書被官方以石經、雕版等形式不斷出版，也被民間書坊不斷翻刻，成為中國古代累計出版數量最多、傳播最為廣泛的編輯出版物。[69]而這些出版數量最多、傳播最為廣泛的典籍因為都是重複翻印，所以很少涉及編輯問題。

清代京報以前的報紙，實際上只能說是一種新聞信性質或政府公告、公報性質的原始形態報紙。[70]邸報運作屬官方行為，沒有專設的辦報機構，刊行京報的報房只是出版與銷售的商業機構，報房中沒有實際上也不需要專業的編輯人員。

但這種情況在晚清有了徹底改變。紙質媒介的生產從此便成為了一項社會事業，作為把關人的編輯成為了一種專門職業，編輯也成為傳播中不可或缺的中介活動，出版傳播業初現雛型。跟所有其它大眾媒介一樣，「報紙也是一個結構嚴密、經過精心組織且極端複雜的機構。每天都有數百萬個詞從許多管道逐字輸入大都市日報。這些詞都必須加以分類、挑選、核對、評估、編輯、重寫、排版、版面設限、編排成頁、印刷並發給讀者」。[71]

機械化印刷使得出版周期大大縮短，報刊等時效性強的印刷品得以大量發行。這些出版物各具特色，需要採取不同於書籍的那種編輯

---

68 余英時：〈自序〉，《士與中國文化》（上海市：上海人民出版社，1987年）。

69 於翠玲：《傳統媒介與典籍文化》（北京市：中國傳媒大學出版社，2006年），頁40。

70 劉家林：《中國新聞通史》（修訂版）（武漢市：武漢大學出版社，2005年），頁35。

71 Ray Eldon Hiebert, Donald F. Ungurait, Thomas W. Bohn 撰，潘邦順譯：《大眾傳播媒介》（臺北市：風雲論壇出版社，1996年，頁376。

方法，使得編輯業務更加豐富多彩。中日甲午戰爭時期，各地報刊均有針對時局的議論，有人便將散見於當時報章雜誌上的政論搜集起來，編輯成集出版。[72]這是一種前所未有的新型出版物，它的資料來源是報紙和雜誌，一般不署編者姓名，在事變發生後很快出版，時效性比較強。要是當時沒有能夠提供支持的媒介技術，這類新型出版物的產生顯然是不可能的。

　　書籍的工業化生產，不僅改變了線裝書的古老面貌，而且也改變了出版社手工業化的組織結構。過去一個老闆幾名夥計組成一家編校、刻印、發行三位一體的書鋪，此時已不能適應時代的潮流。以資本主義經營方式建立起來的近代出版社，組織嚴密，分工精細，編輯

---

72 例如一八九四年九月，中日兩國的海軍在黃海血戰方酣的時候，就有《繪圖掃蕩倭寇紀要》《初集》出版。該書不署編者姓名，為六十四開，連史紙石印本，共四冊。全書約十二萬字，分為四個部分：第一部分以排日記事的體例，節錄一八九四年三月二十一日至八月二十一日間發表於報紙上的新聞，凡是與中日戰爭有關的消息，無論國內國外一概收錄；第二部分為〈朝鮮考略〉；第三部分是政論一卷；第四部分為插圖八幅，有的是單幅一圖，有的是雙幅一圖，都是與中日戰爭有關的時事畫。政論一卷，收發表於報章上的關於中日戰爭政論十二篇，篇目為：〈論中日釁端為大好機會〉、〈論時局宜戰而不宜和〉、〈論防日本宜留意臺灣〉、〈論日本五條要款〉、〈和戰兩權說〉、〈論中與日戰有必勝之理〉、〈紀西友論堵塞吳淞口事〉、〈論出於戰必持之以久〉、〈論和議之失〉、〈論中國為朝鮮事不可不與日本一戰〉、〈論和議決不可從〉、〈論時局必當一戰〉。這卷政論是目前見到的報章政論文章的首次結集。它代表了甲午戰爭初期，主張堅決對日一戰的愛國輿論。次年又有寄嘯山房主人陳耀卿編的《時事新編》和曲阜魯陽生孔氏編的《普天忠憤全集》出版。《時事新編》共六卷，巾箱本，五號鉛字排印，全書約二十五萬字。卷二、卷三為論著，專收有關中日戰爭的政論，其要目有：〈中國宜以持久斃倭論〉、〈論日本不足為中國患〉、〈論中國海軍大東溝之戰〉、〈防倭論〉、〈論南洋宜亟防倭船〉。《普天忠憤全集》共十四卷，巾箱本，石印。卷四至卷十為議論門，收集政論九十九篇，魯陽生自敘說：「今夏和議既成，餘因搜集《普天忠憤》一書，貴自士大夫而賤至布衣。以及泰西洋士，繡閣名媛，凡其緒論有關時局者輒錄之。」這些政論大都主張繼續與日本侵略者戰鬥，反對和議，顯示了中國人民堅決禦侮寧為玉碎的英雄氣概。參見姚福申：《中國編輯史》（修訂本）（上海市：復旦大學出版社，2004年），頁262。

部從發行部和出版部中相對地獨立了出來，而且改變了千百年來編校合一的局面。這一時期，科技文化發展很快，出版方向已經從翻刻古籍轉移到以印行時人著述為主，編輯工作的重點也從編校和選注轉為選擇書稿和幫助作者提高書稿的品質。由於高功率的機器印刷，出版物的複製量以千萬計，出版物成了面向全國銷售的商品，這樣，編輯工作中的選題、組稿、審稿等環節便直接關係到出版社的盛衰，成為整個出版機構中最關鍵的部分。[73]在媒體中，編輯成了專門的把關人。

2 記者成為專業化的把關人

新聞傳播活動早在中國古代就已經出現，邸報是當時的主要新聞傳播媒介，但邸報內容大多是皇帝的諭旨、大臣的奏章，只是反映皇帝活動和朝廷動態的「宮門鈔」，它們本身並非新聞文體。只有在華外報創辦後，才出現近代新聞文體和新聞寫作，報紙上刊登的各類新聞稿件都著眼於報導新近發生的事實，短小活潑。[74]中國古代報紙沒有報人自己採寫的消息，自然也沒有新聞採訪業務（當然，宋代「小報」的「探報」可以看作中國記者、通訊員的祖先）。

方漢奇先生指出，所有關於在《京報》內看到某某事件和信息的記載，其源蓋出於報內所收刊的各類題奏摺件，而並非《京報》發行人自採自編自發的報導。認為《邸報》中刊有自採的一些災禍、怪異、公案、傳聞等社會新聞，純屬誤會。[75]

報社比較注重採訪工作，尤其是改良派所辦的相關報紙更比一般的報紙更加注意新聞採訪工作。採訪的重點，也由「記載瑣故」，「剿

73 姚福申：《中國編輯史》（修訂本）（上海市：復旦大學出版社，2004年），頁9。
74 吳廷俊：《中國新聞史新修》（上海市：復旦大學出版社，2008年），頁47。
75 方漢奇：〈《清史》〈報刊表〉中有關古代報紙的幾個問題〉，《歷史檔案》2007年第2期。

撮途說」,「非齊東之野言,即秘辛之雜事」,「無補時艱,徒傷風化」的市井新聞和黃色新聞,轉移到時事政治方面。一般改良派報刊都派有專人負責採訪新聞,期刊以政論為主,派得少一些,日報新聞報導的比重大,就派得多一些,而以《國聞報》最為突出。這個報紙為了「通上下之情,通中外之故」,在國內外的許多城市都派有記者,「訪事之地,大小凡百餘處;訪事之人中外凡數十位」(〈國聞報緣起〉)。這個數字出於它自己的宣傳,很明顯的有誇大,必須打很大的折扣,但也多少能夠反映出改良派報紙重視採訪工作之一斑。由於重視了採訪,記者在第一線掌握了較多的第一手材料,在這一時期的報紙上,也出現了一些情節比較生動文字比較活潑的新聞報導。[76]

三　媒介新技術引發編排新機制

媒介新技術引領了傳播的內容與形式,「印刷術對文字陳述、文法規則的影響甚大,許多嶄新的意義因此產生」。[77]印刷上的字範本是對物理空間的系統安排,版面及其尺寸是既定出版物內部的一個常數,對空間的不同安排則可以導致截然不同的視覺效果。

版面是刊登各種新聞、評論、圖片和文章的地方。版面是報紙最基本的信息載體和傳播手段。報紙所有的文字、圖片信息只有通過版面才能得以傳播。版面是報紙發言的重要手段之一。報紙不僅要傳播客觀的事實信息,而且時常要對各種新聞事實作出分析和評斷。這種分析和評斷,可採用直接方式,如發表評論,也可用間接方式,就是運用版面。報紙可通過稿件在版面中的不同位置、稿件的組合以及花

---

76 方漢奇:《中國近代報刊史》(太原市:山西人民出版社,1981年),頁150。
77 李仁淵:《晚清的新式傳播媒體與知識分子:以報刊出版為中心的討論》(臺北市:稻鄉出版社,2005年),頁13。

線、標題、字型大小、套色等編排手段的運用來表達編輯部對新聞事實的態度、立場和觀點。

從這個意義上說，版面是一種語言，是表達編排者意見的一種手段。版面是形成報紙風格和特色的重要因素，報紙的風格和特色，既表現為內容的獨特性，也表現為形式的獨特性，而兩者都集中體現在版面的編排上。富於個性的標題樣式、稿件形狀、欄目設置、排版原則等版面特點，是報紙風格和特色形成的重要標誌。[78]

在印刷技術的支持下，更為自由的編排方式很快就開始出現。傳統的排版以豎式構圖為主，字型大小也相對單一，橫式構圖的出現並不意味豎排方式的消失。在十九世紀末採用木刻字技術印刷廣告標題後，橫行的標題，豎行的正文幾乎成了統一的廣告排版格式。因此，編排的變化實際上是豐富了版面語言，也從形式上將文字元素的不同作用以及表現進一步細分出來，使廣告的功能更加完善。而字型大小對比加強之後，不同字型大小所形成的強烈對比則從視覺效果上使廣告變得更醒目美觀。據記載：「甲戌三月二十一日開始，《申報》第五版上的廣告標題改為木刻字，三月二十二日起，《申報》上的廣告標題全部使用木刻字，標題排版由豎行改為橫行，正文仍然是豎行，並改用五號小字。」[79]這充分說明，字體在本身字形不斷發展的同時，在版面上的應用也發生著巨大的變化。

1 從書冊式到單頁式

中國古代報紙形式，直到京報仍然是很簡陋的書本式、無標題、無版面、無欄目、無插圖、無照片。「最初報紙之形式，無論每月出

---

78 袁軍：《新聞媒介通論》（北京市：北京廣播學院出版社，2000年），頁68。
79 王儒年：〈中國近代廣告的最初形態〉，《常德師範學院學報》（社科版）2002年第5期。

版，或二日以上，幾一致為書本式」。[80]

外國傳教士到中國最初創辦的一批中文報刊是書本式的，這種形式是由當時的條件決定的，因為晚清報紙多數是用土法製造的紙張印刷的，紙張小，字體大，單面印刷，裝訂成冊自然像一本書。外國傳教士最初出版中文報刊時，只能按照中國當時的條件，採用中國生產的土紙，雇用幾名刻字工人，雕版印刷，因此也只能印成書本狀。

隨著西方石印技術、機械印刷機、機制白報紙等的傳入，晚清報紙的形式也相應地有了改變。一八二八年創刊的《天下新聞》開始突破中國古代報紙的書本式，用鉛字單張印刷；一八三安年創刊的《東西洋考每月統計傳》第一個登載行情物價表，並首創在新聞後加編者按；一八五三年創刊的《遐邇貫珍》首次運用新聞圖片，首次開闢廣告專版，開中文報刊登廣告之先河；一八七二年《上海新報》首次用白報紙兩面印刷，一八七〇年率先採用新聞標題；一八七六年《申報》第一個刊登新聞圖畫；一八九七年《字林滬報》的附張《消閒報》為中文報紙的第一個副刊。

完全打破書本式而成為單張報紙版式是從《中外新報》開始的。一八五八年，伍廷芳在香港創辦《中外新報》，採用四開白報紙單張印刷，改變了過去的書本式。《中外新報》是由《孖剌報》社印刷的。英商《孖剌報》是採用西方的印刷機及白報紙印刷的。《中外新報》交由《孖剌報》印刷時，也採用了西方的報紙形式。只是在編排上還是按照當時中文書寫的特點，由上到下、由右到左、直行棧欄編排。一八六一年十一月在上海創刊的英商《上海新報》，是採用八開白報紙兩面印刷的。這是我國最早採用兩面印刷的中文報紙。[81]

80 戈公振：《中國報學史》（北京市：讀書・生活・新知三聯書店，1955年），頁356。
81 胡道靜：《新聞史上的新時代》（上海市：世界書局，1946年），頁10。

　　通過各種方式將事件進行編碼，通過將事件置於賦予它們以不同影響力和重要性的語境之中，媒體賦予事件以不同的闡釋。[82]十九世紀七〇年代以後，大部分日報的版面，由書冊式改為單頁式。[83]從書本式改為單頁式後，「報」開始擺脫書冊的痕跡，與「刊」也開始分家，從而使報紙的特點和優勢得到不斷的發揮。到戊戌前後時報刊編排有了一些改進，「改變了一排到底的形式，每版分成三至四欄，句讀加點，以清眉目，同時對一些過長的文章，進行適當的壓縮」，當然，「這些改進主要表現在日報上，一般的期刊，多數仍維持書冊狀，封面加題簽，類似線裝書，變化較小」。[84]

　　汪康年首倡我國報紙版式改革，是中國近代進行報紙改革的第一人。他將《中外日報》版面「分三層，俾閱者少省目力，句讀加點，以清眉目。首頁開明目錄，告白分門別類，以便檢覽」。而同時期的許多報刊都採用書本式，油光紙單面印刷，版面編排簡單，整版按論旨、論說、說事從右到左依次排開，讀來費勁耗時。汪康年首創了「版面分刊，新聞分類」的編輯方法。《中外日報》每天出兩張，四開八版，用白報紙兩面印刷，每版三個橫欄，短行編排，並加句點。題文的字型大小有區別，大小眉目清楚。《中外日報》的首頁上還「開明目錄，告白分別門類，以便檢閱」。所有這些舉措都是開風氣之先。汪康年的改革措施加快了出報速度，提高了印刷品質，方便了

---

82 戴安娜・克蘭撰，趙國新譯：《文化生產：媒體與都市藝術》（南京市：譯林出版社，2001年），頁18。

83 不過這種單頁的報紙，在一個時期內還保留有書冊式的痕跡，即每張只印一面，分上下左右四個版，每版高約二十七公分，寬約二十五公分，對迭起來，相當於一頁書，整張報紙經過折疊裁剪仍然可以訂成一本書。參見方漢奇：《中國近代報刊史》（太原市：山西人民出版社，1981年），頁49。

84 方漢奇：《中國近代報刊史》（太原市：山西人民出版社，1981年），頁149。

讀者閱讀，美化簡潔了版面，為增加發行量創造了條件。[85]戈公振評論說，汪康年的這一舉動「開我國日報改進之機」。[86]

　　一九〇四年，上海《時報》在我國報紙中第一次採用對開形式的兩面印刷。《時報》在報紙的評論、編輯、版面方面敢於大膽革新，為我國報業的發展和進步做出了貢獻：第一，首先將梁啟超在《新民叢報》上創造的「時評」這種新的報章文體移植於日報，升闢了「時評一」、「時評二」、「時評三」三個欄目，聘請陳景韓、包天笑和雷奮分別主持評論國內大事、外埠新聞和本埠新聞。這種應時而發、短小精悍、冷雋明利的時評，很受讀者歡迎。第二，首創報紙專題周刊，即在每周固定的日於設立教育、實業、婦女、兒童、英文、圖畫、文藝等七個專版，分別聘請專家負責編輯。第三，首先採用一至六號鉛字排版。新聞標題和評論中的主眼，皆加圈點以為識別，版而編排「務求醒目」。第四，最先將一張報紙分為一、二、三、四版，兩面印刷、徹底擺脫了書冊報紙的痕跡。《時報》的這些改革，後來各報紛起效法，影響深遠。[87]

　　《中國日報》[88]在編排方面的重大改革是改直排為橫排。當時的中文報刊是長行直排的，《中國日報》採用短行橫排，使版面美觀，閱讀方便。當時有些中英文對照的報刊曾採用過橫排，不過這種改革

85　吳廷俊：《中國新聞史新修》（上海市：復旦大學出版社，2008年），頁88。

86　戈公振：《中國報學史》（北京市：生活・讀書・新知三聯書店，1955年），頁140。

87　丁淦林：《中國新聞事業史》（北京市：高等教育出版社，2002年），頁108。

88　《中國日報》社址選在香港是便於在國內發行，由孫中山親自進行籌備，他取「中國者中國人之中國」之義，確定報紙名稱為《中國日報》。因為香港英國當局禁止孫中山入境，才委託陳少白擔任社長兼總編輯。《中國日報》在一九〇〇年一月二十五日正式創刊，社址在香港士丹利街二十四號。擔任報紙主筆及編輯工作的先後有陳少白、楊肖歐、陳春生等。參見梁家祿等：《中國新聞業史（古代至一九四九）》（南寧市：廣西人民出版社，1984年），頁88。

在當時並沒有產生多大的影響。[89]另外，為了引起讀者的注意，個別報紙還嘗試著採用過加大字型大小的辦法。[90]

　　這種對開的大報形式當時還遭到一些讀者反對，認為面積太大，閱讀不方便。但由於日報要求出版早，印數多，裝訂成冊費工費時，一些報社逐步廢棄了書本式，有些報紙雖然仍然採用書本式，但將幾個版面印在一張大紙上，由讀者自行裁拆裝訂成冊。直到一九一二年民國成立後，大部分報紙才廢棄了書本式，改為《時報》版式。

　　再從書籍來看，西方人的書籍「著書多分章節而不分卷數」[91]，與中國文人一般的閱讀習慣不同。各章之間以直線貫串，宛如機械各部，觀念層層推演，在嚴整的邏輯下統整相承。這種構成與表達方式顯然與中國當時一般著書與閱書的成例不同。中國文人雖在八股文與策論底下重視一篇文章內部承合的結構，但集成的書籍中重視的是文章各自散發出來的靈感與呈示，各卷彼此平行，故可隨意披覽，因之文集、語錄與筆記體一直是書籍出版的大宗。[92]這或許呈現出西方文化思考方式與中國重視整體感與個別靈感啟示而表現在書籍編撰上的差異。新的傳播形式也從閱讀習慣的改變進而牽動中國讀書人的深層的心理世界。

---

89 梁家祿等：《中國新聞業史（古代至一九四九）》（南寧市：廣西人民出版社，1984年），頁89。

90 例如《上海新報》從一八七〇年三月二十四日起，所有標題都改用頭號字排印，略大於正文的四號字；《申報》一八八一年四月十六日報導慈安太后病死的消息時，也曾用三號字排印有關的「訃告」、「遺詔」及「上諭」，略大於一般新聞，以資醒目。參見方漢奇：《中國近代報刊史》（太原市：山西人民出版社，1981年），頁50。

91 蔡元培、徐維則：〈東西學書錄敘例〉，張靜廬輯注：《中國近代出版史料初編》（北京市：中華書局，1957年），頁62。

92 當然也有例外，比如章回小說，不過章回小說形式之成是取自於說書人每回說的故事。故雖然回回直線相承，但不那麼重視整體的結構。參見李仁淵：《晚清的新式傳播媒體與知識分子：以報刊出版為中心的討論》（臺北市：稻鄉出版社，2005年），頁29-30。

2 新聞專電的編排

電報不僅是一種新的商業工具（tool），同時也是一個用於思考的東西，一種轉變思想的工具（agency）。[93]電報的重要性體現在它帶來了信息的選擇性控制與傳遞，使得更為迅捷地搜集和報導新聞成為現實，「新聞專電」成為顯示報館實力和吸引讀者的重要手段，在版面編排上一般放於新聞版面的重要位置。

新聞專電的出現實際上也是新聞專業主義的一種表徵。新聞專業主義十九世紀末開始形成，強調傳媒作為一個獨立的社會子系統的收集、整理、傳播信息的功能和責任。它要求新聞從業者具有一系列規範新聞工作的職業倫理，要有服務公眾的自覺態度。新聞專電取代了以往版面中的許多「論說」，改變了晚清新聞從業者的價值判斷。

3 新聞插圖的出現

很顯然，在傳播活動中，圖像性的內容比文字性內容來得更加直觀和真實，更少被各種因素所遮蔽，也更具有原生態的意義。伴隨著媒介技術的發展，近代報紙上的新聞圖像成為重要的傳播形式，並經歷了由單一到多元的發展歷程。

除了一般的消息和電訊外，其它的新聞文體在這一時期的報紙上也開始受到注意。中國近代報刊最早刊登的新聞圖像是新聞圖示。一八五四年《遐邇貫珍》月刊第一號刊登了土耳其與俄國宣戰的消息。為了使「閱讀者可以覽之了然」，特繪製了一張兩國形勢圖，附於報導之後。一八五四年該刊第五號，又在關於清朝官軍在上海與英美駐軍武裝衝突的報導後，附了一張形勢圖。這些地圖、形勢圖，與文字

---

93 詹姆斯・W・凱瑞撰，丁未譯：《作為文化的傳播》（北京市：華夏出版社，2005年），頁162。

新聞報導直接相關,是對文字報導的補充說明,屬於新聞圖示。[94]

配合文字報導,在這一時期的報紙上出現了早期的新聞圖畫,部分報紙還增出了定期的畫刊。最先在報紙上刊載插畫的是《申報》。一八七六年八月十八日,《申報》在報導浙江地區一股會黨被官軍緝獲的消息時,在新聞中插刊了一幅會黨所用的臂章的圖樣。這是這一時期報紙上列出的,最早的一幅新聞畫。一八七九年五月十七日美國前任總統格蘭特來華訪問,到達上海,《申報》除發新聞外,還石印了格蘭特的一幅半身單張畫像,於五月二十四日隨報分送。這是這一時期報紙印發的第一份單張新聞畫,也是這一時期報紙上列出的第一幅新聞人物畫。

至於畫刊,最早的要屬一八七五年三月在上海創刊的《小孩月報》。這是紐約長老差會的傳教士范約翰主編的一份供中小學生閱讀的兼有文字和圖片的畫刊。其次是《申報》編印的不定期畫刊《寰瀛畫報》,創刊於一八七七年六月;還有上海聖教書會編印的《圖畫新報》,創刊於一八八〇年五月。這幾份畫刊所刊載的風景、建築、仕女等圖片,都是從國外舊畫報上轉載過來的,有的實際上用的就是人家早已用過不要了的舊銅版,沒有什麼新聞性。《寰瀛畫報》刊載的「有關俄土兩國之事」的共十八幅一組圖片,似乎是新聞畫了,但實際上介紹的是一八五四年克里米亞戰爭前後的歷史場景,早已是二十多年前的往事了。[95]中法戰爭時期,《申報》印刷過〈諒山大捷圖〉、〈基隆淡水得勝圖〉、〈臺灣得勝圖〉等,以單張形式在市間發售。這種形式是中國傳統的詩畫配的沿革。

在新聞圖畫產生的同時,甚至還產生了新聞漫畫,當然,由於受新聞圖畫的影響,其形式上與新聞圖畫難分伯仲。應該說,「在民眾

---

94 王文利:《近現代新聞圖像研究》(長沙市:湖南教育出版社,2007年),頁325。

95 方漢奇:《中國近代報刊史》(太原市:山西人民出版社,1981年),頁54。

識字率非常低的近代中國，新聞圖畫這種具有較大想像成分和主觀因素的視覺傳播方式，成為近代報刊接近民眾、走向大眾化的橋樑」。[96]不過在二十世紀初，照相製版技術日漸普及，報刊上的新聞照片越來越多，新聞圖畫也就失去優勢，被採用也就越來越少了。

4 新聞照片的使用

報紙的發展，同印刷術的改進、圖片以及最終照片呈現方式的改進有著密切的關聯，同工業化引起的勞資關係的改變和新聞價格之戰也有著密切的聯繫。

照片很早就被用於記錄重要事物，特別是對重大新聞事件的記錄。[97]中國最早用照片記錄重大事件是在十九世紀下半葉，拍下了上海至江灣鎮和唐山至胥各莊鐵路通車的現實場面，這也是中國採用攝影照片開始紀實報導的初步嘗試。[98]一九〇二年八月，《萬國公報》以半版的篇幅，刊出題為〈醇親王奉使過上海圖〉的新聞照片。但該報刊登的銅版照片不是自製的，最早刊登自製銅版照片的中國報刊是一九〇二年梁啟超等人在日本橫濱創辦的《新民叢報》，上有《檀香山焚燒華人市場慘狀圖》、《加拿大下議院議事圖》、《英國議院圖》等。[99]

一九〇二年在香港出版的《中國日報》和一九〇三年以後在東京創刊的資產階級革命派報刊如《湖北學生界》、《浙江潮》、《江蘇》

---

96 王文利：《近現代新聞圖像研究》（長沙市：湖南教育出版社，2007年），頁8。

97 在攝影術發明三年後的一八四二年五月，比歐烏就拍攝下了世界上最早的新聞照片。記錄了德國漢堡發生的一場大火災。隨後在美國南北戰爭中，布萊迪又用照片記錄了戰爭，用照片這種圖像媒介進行戰場上的報導，被視為最早運用攝影手段作新聞報導的先例。不過，真正把照片運用於報刊上，是在一八八〇年霍根發明照相銅版術以後才得以實現的。世界上第一張見報的照片是一八八〇年三月四日刊登在《紐約每日新聞》上的〈山蒂鎮風光〉。

98 陳燕：《超越時空——媒介科技史論》（保定市：河北大學出版社，2002年），頁46。

99 方漢奇、李矗：《中國新聞學之最》（北京市：新華出版社，2005年），頁159。

等，也都刊有新聞照片。[100]當時新聞照片的題材雖以風光和建築物居多，但也和文字宣傳緊密配合，服務於報刊的輿論宣傳目的。

國內刊物中最先刊登新聞照片的是一九〇四年在上海出版的《日俄戰紀》，這是一個專門報導日俄交戰情況的時事性半月刊。同年在上海創刊的《東方雜誌》也刊有自製銅版圖片。國內日報中刊用新聞照片最早的當屬彭翼仲在北京創辦的《京話日報》。[101]這些照片的出現，說明我國的新聞媒體當時已經具備了攝製和印刷銅版照片的能力。關於新聞照片，特別著名的事例當屬「南昌教案」。一九〇六年二月二十二日南昌知縣江召棠被法國教士王之安殺害，法國當局謊稱自刎。北京的《京話日報》在三月二十九日刊登江召棠遺體頸部以上的傷口部位照片，並附編者按，記述事情經過。照片配合新聞，對揭露法國當局謊言起了重大作用。當地人民在盛怒之下，將兇手圍毆至死，造成所謂的「南昌教案」。

在一些改良派的報刊上也出現過少量的新聞圖片[102]，都起了和有關的電訊報導相配合的作用，彌補了文字宣傳的不足。戊戌前後的改良派報刊中，也有一些比較注意圖片宣傳。[103]不過這一時期改良派報

---

100 方漢奇：《報史與報人》（北京市：新華出版社，1991年），頁209。

101 方漢奇：《報史與報人》（北京市：新華出版社，1991年），頁210。

102 最先編發新聞圖片的是一八八四年創刊的《述報》，它所刊載的〈侯相出京〉圖，以左宗棠奉派為欽差大臣督辦福建軍務一事為題材；〈炮轟法艦〉圖，以中法海軍在福建前線作戰情況為題材；〈劉永福〉圖，以在越南前線抗擊法軍的黑旗軍將領為題材；它所刊載的〈釐卡積弊圖〉則是對匪稅制度的形象的批評，是為民族工商業的發展造輿論的，同樣直接服務於改良派要求發展民族資本主義經濟的鬥爭。參見方漢奇：《中國近代報刊史》（太原市：山西人民出版社，1981年），頁151。

103 《知新報》第四十三期就以一整頁的篇幅，刊載過俄皇彼得大帝的肖像，和同期發表的介紹俄國變法經驗的《大彼得傳》相配合，為改良派的變法思想作宣傳，起了「圖文並茂」的作用。參見方漢奇：《中國近代報刊史》（太原市：山西人民出版社，1981年），頁151。

刊上的新聞圖片，仍然是畫家們創作或摹繪的木刻版畫，其造型的準確和精緻程度類似於《點石齋畫報》，不過還沒有超過後者的水準。

到辛亥革命前後，不少報刊利用圖片來報導各地事變、武昌戰事等等重大歷史事件。《民立報》出單張的「民立畫報」，《時報》出「紀事畫」，畫上加新聞。在武昌起義後，清政府派兵鎮壓，上海的《時事新報》刊登過不少照片來配合新聞報導。[104]

5 文本圖像與圖像文本

中國傳媒的近代化是中西文化交流的產物，畫報也不例外，這種傳媒形式傳入後頗受讀者歡迎。正如包天笑所言：「從前辦那種文藝雜誌，也很注意圖畫，尤其是小說雜誌。小說時報除了在小說中偶有插圖外，每期前幅，還有許多頁銅版畫圖。這些銅版圖，有的是各地風景，有的是名人書畫，但狄平子以為這不足引人興趣，於是別開生面，要用那時裝美人的照片。」[105]

畫報業作為近代中國傳媒的一個分支，因其通俗易懂、喜聞樂見受到大眾歡迎，故在開民智、傳新知的過程中功不可沒，其軌制範式則源於中國畫報業的始祖《點石齋畫報》。[106]《點石齋畫報》由吳友如[107]主畫，採用圖文並茂的體式。

---

104 李良榮：《中國報紙文體發展概要》（福州市：福建人民出版社，1985年），頁57。
105 包天笑：《釧影樓回憶錄》（香港：大華出版社，1971年），頁359。
106 裴丹青：〈點石齋畫報和中國傳媒的近代化〉，《安陽師範學院學報》2005年第3期。
107 吳友如，名嘉猷，字友如，江蘇元和（今吳縣）人，幼年喪父，家境貧困，被送到蘇州閶門內雲藍閣裱畫店當學徒，後來到上海畫界正式學習，因為天賦好，又肯用功，逐漸成名，以畫仕女擅長。吳友如能夠接受美查的邀請，負責《點石齋畫報》，不墨守只畫山水花鳥的傳統，繪畫新人新事，說明他的思想是很開放的。他還說過這樣的話：「繪事當跟時代而變遷，時代有這東西，盡可取為畫材。我們瞧了宋元人的畫，沒有個不以為古雅絕倫，豈知在宋元人當時作畫，也不過畫些眼前景物罷了，那麼現在既有新事物和我們接觸，為什麼要把它拒絕呢！」（參見

「如果文字是缺場和藝術性的媒介，那麼形象就是在場和自然的媒介」[108]，中國有「左圖右史」的傳統，但多限於考訂形似物象的稱謂，或補當時文獻之不足，配圖解釋小說、文章中的難解部分。以《點石齋畫報》為代表的畫報打破了這種文為主、圖為輔的局面，以畫幅作為反映新聞的主體，實現了從文本圖像向圖像文本的過渡，圖畫在畫報中佔據主導地位，簡短扼要的文字只是用來輔助讀者更好地理解圖畫的前因後果。在視覺與文字再現的世界裏，畫報重寫了名與實、可說與可視、講述與體驗之間的轉換關係。

《點石齋畫報》則堅持「爰倩精於繪事者，擇新奇可喜之事，摹而為圖」[109]的編選原則，打破了精英階層對信息的長期壟斷，促進信息在中國各階層間的互動，加速了中國傳媒近代化的步伐。「它的成功是近代中國傳媒中西合璧性的凸現，同時它的存在促成了清末民初畫報業的興盛，從形式上豐富了近代中國傳媒的發展」。[110]

不過需要注意的是，對於《點石齋畫報》等晚清畫報的解讀，雖然可以「側重雅俗共賞的畫報體式，或者可以看好『不爽毫釐』的石印技術」[111]，但「形象文本的縫合不是一個對稱的或不變的關係，而

鄭逸梅：〈點石齋石印書局和吳友如其人〉，《書報話舊》〔上海市：學林出版社，1983年〕，頁86）吳友如的思想影響了他周圍的一批畫家。吳友如在《點石齋畫報》上所畫的每冊不過十之二三，其餘部分由周慕橋等十餘位畫家承擔，他們當時在上海也有知名度。吳友如因與美查的意見常不一致，就離開《點石齋畫報》，先後創辦了《飛影閣畫報》和《飛影閣畫冊》。

108 W.J.T. 蜜雪兒撰，陳永國、胡文徵譯：《圖像理論》（北京市：北京大學出版社，2006年），頁100。

109 尊聞閣主人：〈畫報緣起〉，《點石齋畫報》（創刊號）。

110 裴丹青：〈《點石齋畫報》和中國傳媒的近代化〉，《安陽師範學院學報》2005年第3期。

111 陳平原：〈左圖右史與西學東漸〉，《書城》2008年第8期。

取決於它所屬的那種媒介的制度語境」[112]，所以我們尚需進一步探討
「在晚清這一特定時空中，傳統中國的『左圖右史』怎樣與西學東漸
之『圖像敘事』結盟，進而匯入到以『啟蒙』為標識的現代化進
程」。[113]

第三節　媒介技術發展促生媒體行銷新機制

　　採編偏重的是文本，但文本不是書籍報刊的唯一構成，「在它的
身前身後，還圍繞著一大群相關的因素，它們有的面目清楚、輪廓鮮
明，譬如出版機構、作家社團，有的卻隱身其後，難以盡述，譬如讀
者反應、書店銷售市場回饋。它們對文學文本同樣發揮著不可忽視的
影響」。[114]報刊書籍既是文化思想的物化載體，也是多維線索交錯的
重要結點。

　　當印刷技術展開之後，出版行業的運作邏輯完全不是家刻和官刻
時期所可以比擬的。它進入了另一個嶄新的夾纏著文化的理想和責
任、商業利益的訴求等多重目的的運營模式中。[115]文化的生產由於技
術變革之後的商業利益驅動，得以通過市場等新的傳播管道展開。這
些媒介新技術已經逐步進入實用化和普及階段，在傳播活動中引發重
大變革，其中既包括制度和產業結構上的調整，也包括傳播形式和內
容的變化，還包括管理和經營觀念的革新。

112　W.J.T. 蜜雪兒撰，陳永國、胡文徵譯：《圖像理論》（北京市：北京大學出版社，2006
　　年），頁196。
113　陳平原：〈左圖右史與西學東漸〉，《書城》2008年第8期。
114　王燕：《晚清小說期刊史論》（長春市：吉林人民出版社，2002年），頁9。
115　雷啟立：《印刷現代性與中國現代文學的發生》（上海市：華東師範大學博士學位論
　　文，2008年），頁75。

一　媒介新技術促進媒體競爭機制

1　媒介技術發展降低了印刷成本

　　媒介技術的發展對印刷產品的價值稀釋起到了革命性的作用。在媒介技術不發達、勞動生產率落後的時代，圖書複製主要是手抄和手工印刷，兩者造價都相當昂貴，書價因此居高不下。書籍的價格昂貴，使一般百姓無力問津，因此，平民連識字的機會都沒有，根本談不上讀書消遣。

　　唐代時，雕版印刷開始應用於書籍生產，書籍交易開始活躍。長安、洛陽、四川、浙江等地的書肆遍佈，買賣興隆。元稹《白氏長慶集》〈序〉記載，白居易的詩集被「繕寫模勒，炫賣於市井，或持之以交酒茗者，處處皆是」。[116]可見，當時各地書肆中已同時售賣抄本書和印刷書了。但唐代的書價相當昂貴，甚至被奉為珍品、居為奇貨。《新唐書》〈白居易傳〉記載：白居易的詩「時士人爭傳，雞林（今朝鮮）行賈以白詩售於國相，率篇易一金」。如此小範圍內傳播的書籍，價格是難以用市價估算的。

　　據日本伊藤長胤的《盍簪錄》記載：永和五年（838年），太宰少貳藤原嶽守「因檢唐人貨物，得元、白詩筆，奏上。帝甚悅，授位從五位上累官至右近衛中將」。[117]向皇帝進獻元、白詩作竟可以加官授爵，其價值恐黃金也難以比擬。可見，唐代書籍「物以稀為貴」，囊中羞澀的寒士是難以問津的，他們獲得書籍的主要途徑只能靠自己手抄，這種狀況直至宋初依然沒變，洪邁稱，宋初「印板書絕少，文字皆是手寫」。[118]

---

116 「繕寫」的書是抄本，「模勒」的書則是印刷書。
117 路工：《訪書見聞錄》（上海市：上海古籍出版社，1985年），頁516。
118 焦竑：《焦氏筆乘》（上海市：上海古籍出版社，1986年），頁300。

　　蘇軾也說：「予猶及見老儒先生，自言其少時欲求《史記》、《漢書》而不可得，幸而得之，皆手自書。」[119]嘉祐刻本《杜工部集》每部售價一千文。蘇軾謫居黃州時，「廩入既絕，人口不少，私甚憂之。但痛自節儉，日用不得過百五十，每月朔便取四千五百錢」，以此推論，他的月收入僅夠買四部《杜工部集》。儘管和唐時相比，宋元刻本待價而沽，市場化銷售已成規模，但書價依舊居高不下。范成大《吳郡志》記載：「嘉祐中，王琪以知制誥守郡，始大修設廳，規模鉅集壯，假省庫錢數千緡，廳既成，漕司不肯除破。時方貴《杜集》，人間苦無全書。琪家藏本，讎校素精。即俾公使庫鏤版，印萬本，每部為值千錢，士人爭買之，富室或買十許部，既償省庫，羨余以給公廚。」[120]

　　即使時至清朝，雕版印刷技術已非常成熟，但書籍價格依然居高不下。比如乾隆年間的《紅樓夢》以手抄本形式在世間流傳了三十多年，「當時好者每抄一部，置廟市中，昂其價，得金數十，可謂不脛而走者矣」，按乾隆年間的米價折算，一部手抄本相當於兩千斤米的價格。而在乾隆五十六年（1791年），程偉元用木活字刊印之後，該書價格低落，「至翻印日多，低者不及二兩」，但仍相當於一百多斤米的價格。[121]

　　隨著印刷技術的發展，印刷成本在晚清有了明顯下降，書價自然水落船低。同樣一部《通鑒輯覽》，木板雕印版二十元一部，而鉛印版定價只有二元幾角，價格的競爭優勢不言而喻，初印一百部，再印至萬餘部，其中的利潤當然是很可觀的。當時出版業的利潤，可以在

119 蘇軾：《李氏山房藏書記》《蘇軾文集》（北京市：中華書局，1986年），頁359。

120 范成大：《吳郡志》（南京市：江蘇古籍出版社，1986年），卷6，頁50-51。

121 何明星：《著述與宗族——清人文集編刻方式的社會學考察》（北京市：中華書局，2007年），頁168。

後來走了極端的「一折八扣」書中看得更為清楚。[122]再以商務印書館為例，眾所週知最初其總投資是三千七百五十元。一九〇一年張元濟、印有模入股後，原股升值七倍。一個不大的投資在養活連親戚帶朋友的一幫人之餘，四年之間資本還有這麼大的增值。如果不是新的印刷技術帶來利潤之豐厚，夏瑞芳等再怎麼勤勉努力，大約也是難以辦到的。[123]

江南製造局翻譯館於一八七一年開始出書。在該館譯書時間最長、譯書最多的傅蘭雅於一八八〇年在總結該館的成就時指出：近十年間共譯出書籍九十八種，計兩百三十五冊，每冊約六十至一百頁。共出售三千一百一十一部，合計八萬三千四百五十四冊。此外還用銅版印刷地圖、航海圖二十七種，售出四千七百七十四張。[124]這一數量在十九世紀六〇年代以前是難以想像的。這一方面由於社會對西學的需求增多；另一方面就是因為採用了新的印刷技術，印刷速度提高的同時成本自然降低了。

由於成本的降低，書籍報刊也由知識階層的專利品降價屈尊，逐漸接近了普通百姓的購買能力，成為大眾文化的一般消費品。比如，

---

122 到了二十世紀三〇年代的時候，出現了極端的「一折八扣」現象：批銷商預付訂貨一折，有了預付款資金成本也有了，利潤不低於成本的百分之五十，為了擴大銷量，就在這個基礎上再打八折。也就是說定價一元錢的書出版商實得八分還有賺。不過一味追求降低成本也帶來了明顯的負面作用：在競爭中甚至由一折八扣將為一折六扣、一折五扣。這樣一來，許多書粗製濫造，錯字百出，文位元組佚不全引起讀者大為不滿，結果無人問津，成為廢紙。參見鄭逸梅：〈一折八扣書是怎麼回事〉，《書報話舊》（上海市：學林出版社，1983年），頁141-142；平襟亞：〈上海灘上的一折八扣書〉，《出版史料》1982年第1期。

123 蔣維喬：〈創辦初期之商務印書館與中華書局〉，張靜廬輯注：《中國現代出版史料》（北京市：中華書局，1959年），下冊，頁395-396。

124 傅蘭雅：〈江南製造局翻譯西書事略〉，張靜廬輯注：《中國近代出版史料初編》（北京市：中華書局，1957年），頁21-25。

京報在白本報房時期只能發行數百本，實行刻印以後銷數激增，最多
的時候估計在一萬份左右。[125]此外，報房還利用自己的印刷設備承印
各種印刷品[126]，這也為報房帶來一筆可觀的收入。隨著報房京報商品
化程度和社會各階層人士對國事關注程度的不斷提高，晚清時京報的
訂戶已經不限於詩禮簪纓之家，不少市井商賈也躋身讀者行列，甚至
連識字極其有限的販夫走卒也訂起報紙來了，這是與以往邸報的發
行、閱讀完全不同的盛況。

　　晚清的報刊大都由書局直接編輯、印刷、發行，或者說書局辦報
成為晚清新聞報業的一大特色[127]，有的刊物名稱甚至直接取自書局名
稱[128]，各大報館、書局往往在異地設有銷售點，依靠報館、書局現有
網路進行銷售，這也大大降低了報刊的成本。正如論者指出的：晚清
書局、報刊、小說「三合一」的特殊組合，集印刷、出版、發行於一
身，形成三位一體的多功能文化產業。三者之間相互支持，書局為報
刊提供印刷設備，報刊為書籍提供免費廣告。單行本小說淘汰小說期
刊中被讀者厭棄的作品，對於熱銷點則迅速進行市場回饋。反過來，

125 燕京大學新聞系美籍教授白瑞華（Roswell S. Britton）的估計是一萬份以上。參見胡
　　道靜：〈新聞史上的的新時代〉，《報壇逸話》（上海市：世界書局，1946年），頁2。
126 比如，一八八五年二月五日《申報》所刊〈輦轂紀聞〉中，就有關於北京報房承
　　印銀號章程的報導：「此次銀號一得開捐消息，即將章程托京報房排印數千張，四
　　處分贈。」
127 如英華書院編輯出版的《察世俗每月統記傳》、《天下新聞》；徐家匯土家灣印書館
　　出版的《益聞錄》、《格致新報》、《聖心報》；清心書院出版的《小孩月報》、《圖畫
　　新報》；廣學會編輯的《萬國公報》；申報館印刷部印製的《申報》及其所屬的申昌
　　書局印刷的《瀛寰瑣紀》、《四溟瑣紀》、《寰宇瑣紀》，以及點石齋書局印製的《點
　　石齋畫報》；上海強學會書局出版有《強學報》；文明書局出版有《華北雜誌》、
　　《智群白話報》。
128 如小說林社發行《小說林》月刊；新世界小說社發行《新世界小說社報》；中外小
　　說林社發行《中外小說林》；競立社小說月報社發行《競立社小說月報》；新小說
　　叢社發行《新小說叢》；上海白話小說社發行《白話小說》。

小說期刊的分期閱讀導致的審美的延宕，在單行本小說中又可得到補償。對於書局來說，同一小說，以報刊連載和單行本形式先後推出，只需一次性買斷版權，可以節約費用。而當時擔任小說期刊編輯的人，又都是該刊的主要作品撰稿人，無形中又為報社節省了人員開支。[129]

對於報館書局來說，刊印期刊並不困難，而且大有利潤可圖，如《小說時報》創辦者狄保賢「本有一個有正書局的出版所，又有一個很好的印刷所，鉛印石印齊備，辦一個雜誌，也較為方便。又有《時報》上，不花錢，對於出版商可以登廣告」[130]再比如申報館一八七六年用石印術翻印《考正字源》、《佩文韻府》等，一八八二年翻印了《康熙字典》。後者印製較為精美，定價也不高，故銷行很好，先後印行兩次共計十萬部，銷行數量可能為當時之最。一八八四年起申報館專設上海圖書集成印書局，用活字版印刷《古今圖書集成》，歷時四年告成，共一千六百二十八冊。《古今圖書集成》是康熙年間開始出朝臣編寫，至雍正年間才完成的一部重要的工具書。申報館出版的這個版本是《古今圖書集成》的一個重要版本，是中國當時鉛印本中的巨書。[131]申報館憑藉技術優勢，報業、刊業和書業並舉，成為當時最重要的出版機構，也在整個中國出版史上佔據了重要一席。

2 媒介技術發展提高了新聞時效

由於用經商原則管理報紙，報紙業務便發生了一系列變化，信息觀念加強了。為了充分體現新聞的時效性特點，用新鮮性佔領市場，辦報人採取了許多措施。「首先是報紙與雜誌分開、各自向獨立發展的方向邁進；並且在時間觀念的支配下，報紙的刊期不斷縮短……其

---

129 王燕：《晚清小說期刊史論》（長春市：吉林人民出版社，2002年），頁60。
130 包天笑：《釧影樓回憶錄》（香港：大華出版社，1971年），頁358。
131 王建輝：《出版與近代文明》（開封市：河南大學出版社，2006年），頁120。

次，充分運用現代通訊與交通工具進行新聞報導，設『專電』的目的，是為了『搶』新聞」。[132]而以電報為代表的先進的媒介技術為「搶」新聞提供了有力的工具，「自有電報，早晚行市，隨時皆可通知，操奇計贏，萬里無殊咫尺」。[133]

剛開始時，電報電話使用成本很高。由上海發往香港、廣東、長崎的電報，每十字需洋三元，由上海發往神戶、橫濱的更貴，每十字需洋五元，不滿十字的按十字計。到一九〇九年，中國電報局發往湖南、四川的是每字零點二二元，發往雲南、貴州、黑龍江的是每字零點二五元；大北公司發往香港的是每字零點四元，發往歐洲是每字二點一元，發往紐約是每字二點三五元。[134]這樣的價錢，一般人固然是不敢問津的，但對於出版商而言，在緊急情況下，也不失為一種選擇，因為它能抓住更多的時間和機會。[135]比如，一八八一年十二月我國第一條電報線從上海到天津架設完工，三個星期後，《申報》首先採用了訪員從天津傳來的電訊（一八八一年一月十六日）。

由於媒介技術的發展，信息傳遞已十分迅疾。為了第一時間「搶」到新聞，有的報館開始建立自己的新聞信息網路。比如，《申報》辦報伊始主要選錄京報、香港中文報，譯述西方報紙上的新聞，不過隨後便著手建立自己的新聞採集網。《申報》先在本埠招聘訪員，分別設置法租界訪員、英租界訪員、美租界訪員、南市區訪員等，注意「招延訪事」。創刊半年後，又開始增聘外埠訪員，「到一八七五年，已在北京、南京、蘇州、杭州、武昌、漢口、寧波、揚州等

---

132 吳廷俊：《中國新聞史新修》（上海市：復旦大學出版社，2008年），頁49。

133 參見〈論中國興電報之益〉，《萬國公報》，冊39，1892年4月，第20本，頁12716。

134 熊月之、張敏：《上海通史》（上海市：上海人民出版社，1999年），卷6，頁87-88。

135 黃林：《晚清新政時期圖書出版業研究》（長沙市：湖南師範大學出版社，2007年），頁275-276。

二十六個省會和重要城市聘有特約記者,及時報導當地的有關新聞」
方漢奇先生指出,主要有這樣幾次採訪活動:第一,一八七四年六
月,日本藉口臺灣「生番」殺戮琉球人及日本人,發兵進攻「番
社」,載《申報》特派記者前往臺灣實地採訪,七月二十二日在報上
發表了這個記者發回的第一篇臺灣戰訊;第二,一八八二年七月朝鮮
發生「壬午政變」,中日兩國都派兵入朝,載《申報》特派該報原駐
橫濱及煙臺記者各一人,趕往朝鮮作實地採訪,所寫有關朝鮮戰亂情
況的報導,九月九日起,連續在該報發表;第三,一八八四年三月中
法戰爭進入緊張階段,法軍大舉向我進攻,《申報》派出記者分赴海
防、香港、廣州、寧波。福州、廈門、淡水(臺北)等地採訪。赴海
防的一路,由於受到法方的阻撓,只呆了四天就被迫離越返國。其它
幾路都發回了不少戰報。[136]無訪員的地方,《申報》就鼓勵當地讀者
惠寄稿件,發表後付給報酬。隨著新聞通訊網的不斷擴大,報上的新
聞日漸豐富充實。一八七二年創刊初期,每期報紙只有幾條新聞,十
年後增加到一二十條,九〇年代增加到四五十條。再比如《字林滬
報》[137],因為《字林西報》則取得了路透社電訊的獨佔使用權,在國
際新聞的傳遞方面具有了壟斷性的優勢,為了提高競爭力,《字林西
報》的中文版《字林滬報》就同日翻譯刊登路透社電訊。報紙「不像
書本一行一行地展開某種思想,報紙上卻擠滿了各種各樣的標題和故

---

136 方漢奇先生進一步指出,這幾次採訪活動實際上也是中國報紙歷史上最早的戰地採
    訪活動。參見方漢奇:《中國近代報刊史》(太原市:山西人民出版社,1981年),
    頁51。

137 原名《滬報》,一八八二年在上海創刊,是英商《字林西報》的中文版,因為銷路
    不甚理想,方易名為《字林滬報》,內容大部分均從《字林西報》翻譯而來。一八
    九七年十一月二十四日,《字林滬報》還創辦附張《消閒報》,隨報贈送,以吸引更
    多讀者。梁家祿等人認為,「這是我國最早的報紙副刊」。參見梁家祿等:《中國新
    聞業史(古代至一九四九)》(南寧市:廣西人民出版社,1984年),頁39。

事，它們並排出現，競相爭取讀者的注意」。[138]

　　報人汪康年十分注重報紙的時效性。在他看來，辦報的話最好是辦日報，因為旬刊周期過長，不利於消息傳播。對於把《時務報》辦成旬刊，他一直耿耿於懷，一八九八年《時務日報》的創辦終於償其夙願。為進一步加強報紙時效，他在報上首設「專電」。《時務日報》章程第五條：「各處如有異常緊要之事，均令訪友即行電告，俾閱者先睹為快。」為獎勵來報專電，無論北京還是其它外省訪員拍來的專電，除館薪外，每條特獎銀二元。[139]

　　《時務日報》的這種做法，激勵了其它各報紛紛仿傚，同樣也以多付稿酬的辦法獎勵優質來稿，開設自己的「專電」以吸引讀者，在當時報界樹立了緊抓新聞時效性的風氣。《時務日報》改名為《中外日報》後，一八九八年八月十七日報上特地刊登啟事規定：「本館凡有緊要事件，皆當發傳單，以供諸君先睹為快。」所謂「傳單」，實際就是後世所稱號外，即在報紙交付刊印後，對發生的重大緊急事件的隨時發刊。這些舉措都充分反映了汪康年辦報實踐中對新聞時效性的高度重視。

　　作為消息工廠、消息批發商，通訊社延伸了報刊媒介的新聞採集手段。此前，許多報刊因財力限制，無法搜集全面的新聞情報。晚清時出現的通訊社以廉價的服務，擴張了報紙的視野範圍，加強了近代報業的經營基礎。一九○四年，廣東報人駱俠挺在廣州創辦中興通訊社，為中國人在國內辦的第一家通訊社，主要向廣州和香港的報紙發送新聞稿。一九○九年由中國駐比利時使館隨員在布魯塞爾創辦的遠東通訊社是中國人創辦的第一家海外通訊社，汪康年、黃遠生、陳景

---

138 Ray Eldon Hiebert, Donald F. Ungurait, Thomas W. Bohn 撰，潘邦順譯：《大眾傳播媒介》（臺北市：風雲論壇出版社，1996年），頁118。

139 吳廷俊：《中國新聞史新修》（上海市：復旦大學出版社，2008年），頁88。

韓等為其國內通訊員。[140]通訊社的設立使新聞信息的傳遞的速度和廣度有了更明顯的改觀。

二 媒介新技術影響媒體資金籌集機制

技術競爭的背後往往是資本的較量。大浪淘沙中，小本經營的報社、書局不是遭淘汰就是被日漸邊緣化。在單純的印刷技術問題得以解決以後，只有更為雄厚的資本才能帶來更大的利潤空間。從根本而言，近代媒介技術的發展也是源於市場經濟對效率的追求。

印刷業從分散的零星運作轉化為集約化的大工業生產無疑需要資本的支撐，哪怕出版一部作品都需要不菲的資產投入：人員的聘用、廠房的租建、印刷機械的購置、紙張油墨的成本、稿費的支出等。生產之外還要向人們已經成型的雕版書閱讀習慣挑戰。

以清代圖書產品銷售的大宗種類來看，市場需求的最大宗是蒙學在內的教學用書、歷代古籍、工具書、文藝小說、鼓詞、唱本、年畫等。教學用書如「三、百、千、千」，即《三字經》、《百家姓》、《千字文》、《千家詩》等蒙學讀物，與此項銜接的還有《性理大全》、《性理精義》、《朱子大全》、《四書》、《大學衍義》等。這些教學用書由於需求量大，自然被現代的機械化加功力量所追逐。商務印書館、中華書局、世界書局所開展的新式教科書大戰就是一例，表面上是教科書編輯思想、理念等新式文化產品之間的競爭，實際上競爭的門檻提高到是否擁有現代化的圖書生產加工能力。教科書始自一八九七年，當時只有國文、算學、輿地、史學、體育等五科，以商務印書館的《初小國文第一冊》、《最新之國文教科書》出版為代表，一九○五出版首發

---

140 楊師群：《中國新聞傳播史》（北京市：北京大學出版社，2007年），頁86。

超過十萬冊，而白話文的《共和國教科書》一九一二至一九二九年先後印刷了兩千六百五十四版，累計銷售七千餘萬冊，占商務印書館總量的百分之六十多。沒有機械化的印刷生產能力是難以想像的，而傳統宗族化的手工生產方式無法滿足這一巨大要求，因之再也無緣教學用書的生產、銷售，而恰恰這是圖書系統中利潤最豐厚的一部分。[141]

印刷技術的革新，社會交往的擴大以及一批新興職業、階級、階層的產生，引致媒體的變遷。中國傳統出版組織（書肆、書坊和官書局）長期以家庭作坊式和官辦形式進行生產和經營，經營體制和經營方式沒有多大變化。西方印刷術和印刷機的傳入同時帶來了資本主義的管理體制和經營方式，影響和改變了中國傳統出版印刷業的固有模式。

十九世紀六〇年代以後，一批新式出版機構脫穎而出，它們一般都採用機器生產和先進的印刷技術，有的還採行了股份制的經營管理方式。十九世紀七〇年代以後湧現出《羊城采新實錄》、《昭文新報》、《彙報》、《廣報》等一批現代報刊。它們多為民營，廣登社會各類信息，面向社會公開發行，有的還要實行集股經營。比如，中國電報總局由於業績頗佳，所發行的股票尤受股民青睞。[142]《湘報》也曾刊載不少報紙的招股廣告，比如《大同報》因開辦經費不敷，就刊登廣告準備發售股票一百張，每股銀二十兩，並對分紅及其它待遇作了說明。[143]申報館一直擁有當時最先進的印刷設備和最雄厚的資金，在技術上對中國近代出版的推進也是不可否認的客觀事實。

---

141 何明星：《著述與宗族──清人文集編刻方式的社會學考察》（北京市：中華書局，2007年），頁167-168。

142 陳向陽：〈洋務運動時期社會組織變遷述論〉，《安徽史學》1996年第1期。

143 董貴成：〈《湘報》與科學技術的傳播〉，《科學技術與辯證法》2005年第1期。

　　印刷出版業的門檻抬高了，它轉變為一個以技術變革來帶動的生產和銷售模式變化、資金集中的行業。有學者指出，「光緒前後上海新開設之書店如雨後春筍，均採用西法印書」[144]，石印所需資本較少，約有五十六家，較鉛印多一倍餘。[145]與商務印書館同時代問世的書局，有記載的也有幾十家，但在激烈的市場角逐中能堅持而倖存者甚少──即使連商務印書館和中華書局都曾在發展中遭遇過嚴重的資本危機。與此同時，它也是一個利潤回報豐厚的行業。許多商人紛紛加入，比如享有盛名的點石齋書坊，其擁有者美查原本從事的是茶葉、棉花生意，也正是看到新的出版技術帶來的巨大潛在利益，才投身其中的。

　　民辦報刊有幾種形式：個人出資，招聘職員多辦報同人分攤或自認股本，經營與所有合一，招股集資，募捐籌款。有時則數法並用。[146]一八九七年，康有為和梁啟超在澳門創辦《知新報》，這是中國報刊業第一家採用股東制，隨後又有一些報刊實行了股份制。體制的改變必然改變經營方式，廣泛引入的招股方式，擴大了報刊的產銷量，有利於新聞出版事業走上大規模發展之路。

　　金錢也可以改變傳播。它改變力量的平衡，往往把受眾變成產品而不是消費者。報紙剛剛產生的時候，辦報的資金是從讀者那裏來的，讀者賣報的錢用來支付報紙的出版和發行。[147]印刷現代性展開所帶來的巨大的讀者市場，印刷技術所蘊含的強大生產力，使它成為新興的資本角逐市場。印刷和出版需求之間的平衡也由於大批資金的進

144 張秀民：《中國印刷史》（上海市：上海人民出版社，1989年），頁589。

145 張秀民：《中國印刷史》（上海市：上海人民出版社，1989年），頁590。

146 桑兵：〈清末民初傳播業的民間化與社會變遷〉，《近代史研究》1991年第6期。

147 斯坦利・J・巴倫撰，劉鴻英譯：《大眾傳播概論：媒介認知與文化》（北京市：中國人民大學出版社，2005年第3版），頁25。

入而打破。出版機構的運作常常因為收到資本邏輯的控制而演變為資本的運作。[148]

　　一八九七年在上海創辦的商務印書館具有較大規模並採取資本主義經營管理方式的印刷廠，在初創的二十多年中，陸續引進了世界先進的凸印、平印、凹印、珂羅版等設備和技術，同時還開辦鐵工廠仿製各種印刷機械。它能做到「日出一書」，能夠辦出中國近代刊行時間最長的大型綜合性期刊《東方雜誌》決不是偶然的。[149]上海外文報刊的品種和發行量均居全國之首。近代上海報業，無論是其宣傳效應還是其產業模式，無不深深打上西方傳播觀念或媒介資本運營理念的烙印。上海報業從個人集股到組織公司，大致於一九○六至一九○七年前後在主要報館中發生。[150]

　　晚清還有一種常見的現象，那就是書局辦刊。書局辦刊的優勢在於，它有較為雄厚的資金。我們知道，雜誌和圖書是不一樣的，它的生存在很大程度上是要靠廣告收入來維持的，可創辦之初由於影響力不夠，是很少有商家來作宣傳的。書局的經濟實力可以為開辦初期的期刊提供資金支持。書局一般都有自己的印刷所，鉛印石印設備較為齊備，能夠保證所辦連續性定期刊物的按時出版。書局強大的編輯隊伍和作者群體，又將為自己創辦的刊物提供源源不斷的稿件和編輯人手，不會因某個關鍵人物的去留而影響到期刊的生存。而書局較為健全的發行網路，打破了期刊發行的地域限制，便於各地讀者的購

148　雷啟立：《印刷現代性與中國現代文學的發生》（上海市：華東師範大學博士學位論文，2008年），頁77。

149　閔大洪：〈對傳播技術的發展和作用多寫幾筆──新聞史研究中的一點思考〉，《新聞與傳播研究》1994年第1期。

150　汪幼海：〈《字林西報》與近代上海新聞事業〉，《史林》2006年第1期。

買。[151]而且，書局辦刊在人員和稿源方面也存在天然優勢，刊物還可以免費為自己出版的圖書打廣告。如果辦得好，刊物還有可能成為書局新的經濟增長點。

除了書局辦刊外，也有報館兼營圖書的，比如申報館。作為中國近代歷史最為悠久的報紙，報業經營自始至終都是《申報》的主業，它兼營圖書出版主要在早期，即由外國人作為報館主人時期（一九〇九年，尤其是一八八九年前）。一八七三年三月起，《申報》多次刊登《搜書》《覓書》之類的啟事，徵求孤本珍本圖書。從此圖書出版成為剛剛建立起來的申報館的兼營項目。它出版的第一部書，是一部多達五百篇分為四卷本的制藝文匯編《文苑菁華》。此書是為科舉考生備用的，稿件則是通過《申報》發出徵文啟事一篇篇地徵集而來。從征稿到出書僅用兩個多月（一八七三年的三月至六月），充分顯示了報紙和機器印刷進入圖書出版領域的巨大優勢。[152]報館亦曾用鉛活字排印《儒林外史》，也獲得了很好的市場效果，紳商爭購此書，很快就重印，未購到者均感遺憾。

申報館之所以出版圖書，目的不外就是謀利。申報館出版圖書是很經濟的，首先，利用報館現有機器印刷設備來印刷出版圖書，是對於報館剩餘生產力的一種調劑，即用剩餘生產力來印刷圖書。同時，也是書和報的互動與優勢互補，是多種營業的互利互動。多種營業互動才能有效地取得利益。[153]

---

151 黃林：《晚清新政時期圖書出版業研究》（長沙市：湖南師範大學出版社，2007年），頁235。

152 王建輝：《出版與近代文明》（開封市：河南大學出版社，2006年），頁117。

153 王建輝：《出版與近代文明》（開封市：河南大學出版社，2006年），頁118。

三　媒介新技術衝擊媒體發行流通機制

1 報刊的發行與流通

　　因「文以載道」傳統的影響，以印刷出版為代表的文化生產往往都被理解成承載思想的工具。以往的學術研究也較多地關注印刷出版的「內部」，對「外部」的討論也多只是拓寬到編輯、出版機構對於作品的編輯選擇上，仍然囿於「勞心者」層面。而霍爾（Hall）等人認為，在文化生產迴圈中，具「勞力者」性質的印刷、運輸、銷售等的「生產實踐活動」領域亦是產生「意義」的文化組成部分。一種報紙的流通與流行，除了取決於其自身內在品質以及主導思想、文章內容等方面的因素外，還需要有效的傳播管道，特別是在報紙創辦伊始。晚清時出現了多種性質的報紙，其發售與流通機制也殊有不同。

　　歷代官方的邸報都是經過郵驛管道，從中央發往各地的。因此，邸報又稱「驛報」。唐代的報（狀）和宋代的邸報（朝報），都是由進奏院抄錄、登記，然後交郵驛遞送。在唐代，除了驛站外，還開始出現遞鋪，速度達到日行四百里，主要是快遞邊境文書。宋代的遞鋪直接為進奏院辦事。清代官報的發佈方式與明代相似，即經由通政使司、六科、提塘等三個環節。通政使司是收受臣僚題奏的機關，「掌受各省題本，校閱送問」。六科是發抄皇帝諭旨和臣僚奏章的機關，經由六科發抄的主要是明降諭旨和允許發抄的臣僚章奏。哪些諭旨和章奏應發抄，哪些不應發抄，往往由皇帝作決定。在各朝《東華錄》中載有大量有關「邸報」發抄的皇帝批示。民間報房刊行的京報，從收集材料、編印或復抄到發行，都是自行辦理的。清代內閣每天發佈邸鈔，報房派人去抄錄，隨後製作為京報。京報發行有零售，也有按月訂的；有整本的，也有按內容分冊出版的，如宮門鈔、諭旨等都出單行本。

在傳播範圍和效果上，邸報傳遞的是官方文書，主要在官吏中傳播，範圍很小，發佈者不需要考慮效果和市場問題；京報主要在北京發行，數量也不會很多，報房主人只是把它當作一種普通商品投向市場，不太重視其傳播效果和影響。關於《萬國公報》的印刷發行，梁啟超後來有這樣的回憶：「當時固無自購機器之力，且都中亦從不聞有此物，乃向售《京報》處托用粗木版雕印。」發行方式「乃托售《京報》人隨宮門鈔分送諸官宅」。[154]

新式官報的發行，也是晚清新聞領域發生變遷的重要動向。晚清最後十年間，新式官報曾普遍發行。官報是各級政府的喉舌，官報上的政治文書具有法律的效力，這就使官報有著至高的權威，是被稱為古代官報的邸報和《京報》所不具有的。不過，官報依然為政府之喉舌，這點沒有實質性的改觀。

光緒二十二年（1896年），在查封《中外紀聞》報社的基礎上，清政府建立了官書局，清政府公開編印發行官報。三月刊行《官書局報》與《官書局彙報》兩種官報，形式與京報相似。但它們印送各路電報時只選擇有用者，照原文抄錄，不加議論。凡有關涉時政、臧否人物者，一律不予登載。當然，其內容除諭摺、電報之外，也有若干關於各國新事新藝之譯文，可算清政府公開發行新式官報之始。不過，康有為認為，其「未能悉用西國體例」，「視各國官報，規模相去遠甚」。[155]

之後，中央和地方各級政府機關又陸續創辦了一批專門性的官報。特別是在「預備立憲」期間，各種官報紛紛創辦，形成了高潮，如商部有《商務官報》，學部有《學務官報》，郵傳部有《交通官

---

154 梁啟超：〈鄙人對於言論界之過去及將來〉，收入李華興、吳嘉勳：《梁啟超選集》（上海市：上海人民出版社，1984年），頁618。

155 康有為：《康有為政論集》（北京市：中華書局，1981年），頁323。

報》，各地亦有《北洋官報》、《南洋官報》等，一時遍及全國各省。據統計，在光緒二十六年到宣統三年（1900-1911年）間，清政府辦的各種官報共計四十七種。[156]

由於官報的經費專項撥支，實力雄厚，在設備和技術上都很完善和先進，均採用鉛印，並聘用技工，甚至還聘用外國技師，或選送人員出國培訓。由於先進技術和先進設備的採用，使官報的印刷品質、出版速度大大提高，有利於傳播和發行。在報社機構的組織、經營管理方面，也有了明確的設置、分工和辦法，不再是原始的報房操作方式。[157]

官方推動報刊銷售往往是採用人為攤派的方式，袁世凱就曾嚴飭各屬，務須廣為購閱《北洋官報》，「並照山西《晉報》向章，以代銷報數之多寡，核定功過。故所屬多來購買，以便轉派分銷。因之該報銷路日見其暢」。[158]這種政府助銷行為雖能帶來立竿見影的效益，但終究不是市場行為，對報刊市場發展的負面影響是顯而易見的。

不過我們應該看到的是，官報不僅在官府內部流通，並且可以派銷給單位、團體甚至個人，並鼓勵各地紳民、機關辦閱報所，擺放官報和其它各種報刊，供人們隨便閱覽，要避免過去「上下閱阻之弊」，使得「一國之情事，上下得以週知，其相通也猶易」[159]，達到啟民智的目的，表現出新政中清政府的開放姿態，比起「可使由之，不可使知之」的愚民政策，這種進步自是不該否認。

落後的體制當然要影響到報紙的發行，但對於報刊的銷售而言，

---

156 陳新段、史復洋：〈近代公報類期刊簡介〉，收入丁守和：《辛亥革命時期期刊介紹》（第5集）（北京市：人民出版社，1987年），頁581-589。

157 王綠萍：《四川近代新聞史》（成都市：四川大學出版社，2007年），頁168。

158 參見《大公報》，1903年5月15日。

159 戈公振：《中國報學史》（北京市：生活・讀書・新知三聯書店，1955年），頁55，注釋5。

信息傳輸及交通狀況的改善也甚為關鍵。因交通不便造成的報刊圖書傳遞不暢，在當時的發行中是常見現象。比如甲午中日戰爭之前，中國人對報刊這一新的傳播媒體的接受程度仍很有限，梁啟超在分析原因的時候就認為除了「風氣不開，閱報人少」之外，「道路未通，傳佈為難」[160]也是一個重要的影響因素。

這一點不僅近代中國的出版人看到了，連他們的外國同行傅蘭雅也是深有體會：「所售之書，其數雖多，然中國人數尤多，若以書數與人數相較，奚啻天壤。惟中國郵遞之法，尚無定章，而國家尚未安設信局，又未布置鐵路，則遠處不便購買。且未出示聲明，又未分傳寄售，則內地無由聞知，故所售之書尚為甚少。若有以上各法，則銷售者必多數十倍也。」[161]傅蘭雅的話明白無誤地告訴我們，交通的落後和信息的閉塞制約了圖書發行的進一步發展，而同樣的困境亦是報刊發展的瓶頸。

戈公振先生曾說：「嘉道間，報紙多係送閱；咸同間，報紙多係挨戶乞閱；光宣間，報紙始漸流行，然猶茶餘酒後之消遣品也。共和告成以來，報販漸成專業，派報所林立。」[162]包天笑也曾回憶道：「我對於報紙的知識，為時極早，八九歲的時候，已經對它有興趣。其時我們家裏，已經定了一份上海的《申報》，《申報》在蘇州，也沒有什麼分館、代派處之類，可是我們怎樣看到申報呢？乃是向信局裏定的，那個時候，中國還沒有開辦郵政，要寄信只有向信局裏寄。信局也不是全國都有的，只有幾個大都市可以通信。江浙兩省，因為商業繁盛之故，信局很密」，「我們看上海出版的申報，就是向這班信差

---

160 梁啟超：〈鄙人對於言論界之過去及將來〉，《飲冰室合集》（二十九）（北京市：商務印書館，1924年）。

161 傅蘭雅：〈江南製造局翻譯西書事略〉，張靜廬輯注：《中國近代出版史料初編》（北京市：中華書局，1957年），頁24。

162 戈公振：《中國報學史》（北京市：生活‧讀書‧新知三聯書店，1955年），頁358。

手中定的，不獨我們一家，在蘇州無論何人，要看《申報》，就非向信局信差定閱不可。」[163]從包天笑的回憶中不難發現，即使在蘇州，「全城看上海《申報》的，恐怕還不到一百家」[164]，其它小城市或農村要想看報更非易事。

再如《時務報》創辦之初，中國還未設立自己的郵政系統，各通商口岸的信局均為外國設立。《時務報》的發行主要是通過報館在各地建立的代銷點。代銷點的地址刊附在《時務報》的封底（後期刊在封二上）。因人員流動等緣故，各處代銷點有增減。[165]在一八九八年上半年之前，代銷點的地區分佈合計十八個省，一百三十八處。此外，日本神戶均同和泰、大阪均同和泰、東京精神社、新加坡鴻發棧等也是《時務報》在海外的銷售點。但這種代派處的顯然需要廣泛的流通管道和高成本的支撐，這對出版機構尤其是小型出版機構以及剛成立的出版機構顯然是不能承受之重。

這種情況直到十九世紀末二十世紀初才有明顯改觀，出現「凡鐵路設站、電報設局之各處，均添設郵政官局」之現象——這是因為郵政必須借助鐵路之快捷、運量大、運費低廉，而電報則須借助郵政現成的網路與人力進行，電報雖然「瞬息之間，可以互相問答」，時效遠勝於文書傳遞，但電報最終還要經過投遞才能到達收信人。不過，電報電話、郵政系統和交通系統政出多門，管理混亂。[166]為了協調發展，提高效率，一九○六年清政府設郵傳部，下置船政、路政、郵政、電政、庶務五司，統管輪船、鐵路、電報、郵信四政。郵傳部的

---

163 包天笑：《釧影樓回憶錄》（香港：大華出版社，1971年），頁105。

164 包天笑：《釧影樓回憶錄》（香港：大華出版社，1971年），頁106。

165 閭小波：《中國早期現代化中的傳播媒介》（上海市：上海三聯書店，1995年），頁83。

166 這些交通運輸和信息傳播機構最初分屬不同部門：輪船招商局歸北洋大臣管束，郵政歸總稅務司管轄，鐵路曾隸歸商部。

設立，使得電報電話等先進的媒介技術和郵政、交通系統能夠三位一體，為信息的傳遞提供了良好的平臺。在蒸汽動力被廣泛用於陸路客貨運輸之後，鐵路使得原本難以逾越的重重地理阻隔不復存在。即使相距千里的不同地域，之間的聯繫跟以往相比亦大為容易。

一八九九年以前大清郵政經辦信函、明信片、新聞紙、貨樣、印刷品（包括貿易契及書籍）、匯兌、包裹等項業務。進入二十世紀以後，又以攬運報紙雜誌、開辦快送信函業務、開發晝夜兼程郵班、增加本埠投送班次等措施，與民信局展開競爭。二十世紀初，正當中國民辦報紙勃興時期，全國大小城市共約出版報刊二百餘種。這些報刊的運輸原來都在民信業手中。大清郵政為同民信局競爭，一九〇五年同《商洋官報》（南京出版）、《北洋官報》（天津出版）、《商務報》（北京出版）協定，由郵局視窗辦理代售工作，初期並給這些報紙以免費郵運利益。大清郵政對各報刊訂立了優待辦法，從收寄、運輸、取費、投遞等方面，儘量給出版社以便利。大清郵政並於一九〇三年再次與鐵路當局（當時已有鐵路長八千三百華里）擬定章程，規定「鐵路只允中國郵政官局運送郵件」，民信局郵件「概不准運送」。民信局不僅不准利用輪船、火車運送郵件報刊，而且一經查獲還要罰款。這樣一來，大批報刊的運寄，就由民信局轉到郵政官局。[167]

在中國新聞史上，《申報》是最先深入到中國民間社會的近代化傳媒。其發行網不斷發展，從城市延伸到鄉鎮。在江南鄉間，從晚清到民國的幾十年裏，人們把《申報》當作報紙的同義語，把所有的報紙都稱作「申報紙」。《申報》自創刊的第二年一八七三年起，開始在上海以外的城市設立分銷處，到一八八七年已有北京、天津、南京等三十二處。它的日銷量也從創刊時的六百份，逐漸增加，一八七五年

---

167 郵電史編輯室：《中國近代郵電史》（北京市：人民郵電出版社，1984年），頁36-37。

為一千兩百份，一八七七年為五千份，一八九七年為七千多份。[168]

　　當時小說雜誌的銷售已具現代規模，除了設總店外還在重要的城鎮設代派處，採用各種促銷手段擴展小說的傳播。新小說社在介紹中國唯一文學報《新小說》時談到了銷售方式：「代派至十份者，照例提二成為酬勞」，「海內外各都會市鎮，凡代派《新民叢報》之處，皆有本報寄售，欲閱者請各就盡掛號」。[169]由此可知，《新民叢報》的銷售範圍已是相當廣泛。

　　再看《渝報》，「每十日約出報二十餘紙」，絲線裝訂成冊。開本約大於新聞紙十開本，用土白紙木刻雕版印刷。豎排，每頁二十六行，每行三十二字，有邊欄線，中縫雙魚尾形，印報名、頁碼。樣式仿上海最暢銷的《時務報》。[170]《渝報》除報館零售外，還接收訂戶，其辦法在《渝報章程》中有明確規定：「先交銀十兩者，送報五年；先交洋十元者，送報三年」。《渝報》在省內外設有派報處，最高時曾達到五十二處。省內有二十六處；省外有京城、天津、南京、上海等二十六處。發行面遍及全川及大部分中國重要城市，發行量高達兩千餘份，十分受歡迎。「現在本地及外埠之函購者日益加多，向所刷印之一千五百餘份，業已售罄，不敷分派，而索取者仍紛至杳來，亟飭手民，陸續從一冊起，再行補印一千份，以應閱報者諸君子見惠之雅」。[171]還經常在報末公佈各代派處人員姓名、地址，以便訂購。並給各地公局、信局、商店願代派報者，「二十份以上只收費九成，五十份以上只收費八成」的優惠。

168　丁淦林：《中國新聞事業史》（北京市：高等教育出版社，2002年），頁62。

169　劉永文：《晚晴報刊小說研究》（上海市：上海師範大學博士學位論文，2004年），頁139。

170　王綠萍：《四川近代新聞史》（成都市：四川大學出版社，2007年），頁52。

171　宋育仁：〈時務論〉，王綠萍：《四川近代新聞史》（成都市：四川大學出版社，2007年），頁56-57。

2 書籍的發行與流通

再看書籍的發行與流通。書籍流通與傳播的可能性靠幾種因素支持：一是生產書籍的能力，從機器能生產書籍的那天起，書籍傳播的範圍和速度就日益廣泛和快速；二是傳播書籍的管道，傳統的書籍傳播管道有學校、圖書館、書店、人群聚集地等；三是政府支持的力度，在某些地區雖然有書、有想讀書的人和流通管道，但也未必能形成有效的書籍傳播。[172]

清政府從中央到地方對小說戲曲都嚴加控制，從順治到同治，幾乎每個皇帝都要發佈「嚴禁淫詞小說」的論旨。舉其大者便有康熙二十六年、四十年、四十八年、五十三年，雍正二年，乾隆三年、十九年，嘉慶七年、十五年、十八年，道光十四年，咸豐元年，同治七年等十餘次。如同治七年，江蘇巡撫丁日昌便開出了一個多達兩百餘種的「小說淫詞」禁燬書目。對違反者的處罰也極為嚴厲，在《欽定吏部處分例則》卷三十《禮文詞》中就明確規定：「凡坊肆市賣一應小說淫詞《水滸傳》，俱嚴查禁絕，將版與書，一併盡行銷毀……但是由於《申報》地處租界，館主又是英國人，清朝廷詔令形如虛設，所以申報館可以無視清王朝的法律而大量印刷小說。一八七五年十二月，《申報》從日本購得孤本《快心篇》計十六冊，以上中下三冊翻印出版。[173]

到了晚清時，借助交通、通信技術的發展，書籍的流通方式具有明顯的商業性痕跡，一整套帶有資本主義性質的銷售制度、促銷方法、折扣規定等經營方式在書籍的發行流通中日漸成型。尤其是「集

---

172 倉理新：《書籍傳播與社會發展——出版產業的文化社會學研究》（北京市：首都師範大學出版社，2007年），頁13。

173 申重實：〈《儒林外史》刊刻、傳播說略〉，《中國古代小說戲劇研究叢刊》2007年第2期。

書局、報刊、小說於一體的文化產業，既注重了經濟實體的規模效益，又加強了各組成部分之間的彼此合作、相輔相成」。[174]

媒介技術的發展對其時書籍的發行與流通應該有著如下影響：第一，以機器大工業為代表的先進印刷機械的使用，使得書籍出版人員具備了資產階級價值觀念和新式知識；第二，書籍迅捷而大量的發行促進了出版機構近代企業組織形式、出版管理制度、產權制度等生產關係的近代化；第三，在整個書籍出版行業中，近代化程度較高的出版機構無論在書籍生產能力還是銷售管道、售賣業績等方面均具明顯的優勢，甚至佔據統治地位。

本章小結

媒介技術本身並不能自動地產生社會改造的力量，只有結合特定時期的人和思想的變革後，才可能產生巨大的社會和文化改造力量。應該通過與思想、社會運動相連接的敘述把媒介技術發展放到了社會變革的聚光燈下，把問題的焦點從過去對印刷物的文本解析轉向對其印刷、流通的全面研究，從而為研究晚清媒體的傳播機制打開另外的空間。

如果將戴元光先生對報紙文化「三重結構」[175]的表述加以引申，我們同樣可以將媒體傳播機制劃分為表層結構、中介結構和深層結構這三重結構。表層結構就是在報刊書籍生產中——即從收集資料到新聞產品分享的過程中所表現出來的獨特特徵；中介結構就是媒體的管理體制、制約體制及回饋機制；深層結構就是影響媒體文化生產者的

---

174 王燕：《晚清小說期刊史論》（長春市：吉林人民出版社，2002年），頁60。
175 戴元光：《戴元光自選》（上海市：復旦大學出版社，2004年），頁205。

文化素質和思維慣例，以及整個媒體文化的根本指導思想和基本生產方式。

1 媒介技術降低了印刷出版成本，保證了出版周期與發行速度

　　媒介技術為晚清報刊的繁榮奠定了基礎。晚清時報刊與傳統書籍相比出版周期短，發行速度快，如果沒有石印、鉛印設備提供的技術前提，依靠傳統雕版印刷技術是難以運行的。媒介技術的發展也降低了使用媒介的成本，從而降低了受眾使用媒介工具的經濟門檻。所以，從媒介技術的縱向變遷看，媒介技術的發展不斷降低媒介工具的使用成本。比如《申報》之所以長壽，固然有眾多因素，其中一個重要的因素就在於它創辦之初就設立了頗具規模的印刷廠，在於它不斷引進新設備新技術。總之，報紙的創辦和發展與技術手段是息息相關的。

　　社會政治的巨大變革，需要政治宣傳功能更強大、傳播更快捷的媒介，而比圖書傳達信息更方便、更有時效的報紙、雜誌逐步取代圖書的主導地位，走到政治宣傳的前臺，成為最有力的武器。圖書文本不再成為唯一選擇，報紙雜誌取代了圖書的信息傳播功能，圖書逐漸回歸深層次思想交流的載體。這個歷史時期，各種職業組織、共同體都組建代表自己意志的文化機構，使大量的報社、雜誌社、書刊社井噴式的出現。[176]

　　這些報刊出版機構能夠雨後春筍般地出現，與政府傳播法規、社會經濟發展和文化背景息息相關，但媒介技術對其的推動作用也不可小覷。其時，先進印刷技術的使用已經比較普遍，用這些先進生產工

---

176 何明星：《著述與宗族──清人文集編刻方式的社會學考察》（北京市：中華書局，2007年），頁152。

具武裝起來的報館書局在整個行業中已佔據主導地位，而且還具備了對外來先進媒介技術進行消化後再改進的能力。

2　媒介新技術促進媒體傳播理念變革

我國近代報刊是外來傳播媒介和中國國情結合的產物。近代都市上海首先提供了結合的土壤，商業性報紙則是實現這種結合的恰當的類型。[177]交通運輸的發達商品交流的頻繁，人口的增殖，日益滋長著對信息交流和新的傳播媒介的潛在需要。產生近代報刊所必需的印刷條件和傳遞條件，此時也已大體具備。

從報紙的演進過程看，中西新聞史都呈現著一條共同的軌跡，即最早出現的是新聞信（newsletter），繼而是新聞書（newsbook），最後才是新聞紙（newspaper）。從唐代的進奏院狀到宋代的正式官報，這期間屬於新聞信階段，此後近千年一直都算新聞書一統天下的階段，直到十九世紀近代報業勃然興起，中國報紙才進入新聞紙的階段。[178]

3　媒介新技術促變媒體內容生產機制

媒介形式影響甚至規定著內容，一定的形式也總與一定的內容相連。中國古代報紙形式，直到《京報》仍然是很簡陋的書本式、無標題、無版面、無欄目、無插圖、無照片。

晚清時近代意義上的報刊正是憑藉一系列印刷的視覺符號作為傳播手段來傳播信息的——這種特有的傳播手段使得報刊與其它媒介區分開來，而且把印刷技術、電訊交通、業務採訪和有關商業經營辦法

177　秦紹德：《上海近代報刊史論》（上海市：復旦大學出版社，1993年），頁29。

178　李彬：〈從傳播史到新聞史——唐代的新聞傳播及其歷史意〉，《新聞與傳播研究》1998年第1期。

結合起來，使得近代報刊的採編在傳統邸報的基礎上有了較為明顯的發展。

4 媒介新技術促生媒體行銷新機制

中國古代主要是官方報紙，它們借由遞送朝廷檔的驛站發行，無須經營。而近代報紙要做好經營，要拓展發行流通管道，靠技術降低成本，靠內容吸引讀者，靠管理增加利潤。媒介技術的變革和資本的滲透給媒體帶來了從生產方式、人員構成到行銷模式和組織管理等一系列的變化。書籍報刊的印刷出版不再僅僅限於出版印刷事務本身，而是從媒介技術發展演變為資本甚至社會文化的變革，這一變革過程中技術因素和商業力量都顯而易見。

第三章

媒介技術發展推動傳媒外部管理制度的變遷

　　傳媒制度除了內容生產機制和經營管理制度這樣的媒體內部制度外，還包括媒體外部管理制度——其實施主體無疑是政府部門。這裏的外部管理制度既包括傳媒法規等正式制度形式，也包括管制中的一些潛規則等非正式制度形式。不過正式成文的傳媒法規是政府管理傳媒的直接依據，顯然更需關注。所以本章把考察點主要集中在晚清政府正式成文的傳媒法規。

　　任何社會要想在正常秩序下良性運行，必須建立起相應的社會調控系統。「社會調控系統是社會結構中最重要、最關鍵的組成部分」[1]，正式成文的傳媒法規體系是社會調控系統中重要的組成部分。可為何在二十世紀之前漫長的歲月裏，中國都未出現專門的傳媒法，可進入二十世紀之後清政府卻在短時間內接連出臺了數項專門的新聞法規，導致了一系列的傳媒管理制度的變遷？接著需要思考的是：在晚清新聞法規的創制和演變過程中，媒介技術的發展是否產生了作用？若是，媒介技術的發展對新聞法規的出臺又有著怎樣的推動？

第一節　晚清變遷前中國傳媒管理制度的特點

　　古代中國與社會發展同時存在的是政治和意識形態方面的強大壓

---

[1]　史革新：《中國社會通史‧晚清卷》（太原市：山西教育出版社，1996年），頁419。

力，這種壓力迫使全社會遵守三綱五常，崇尚禮德。當然，這並不意味著統治階級對於法治精神和效用的完全否定，「實在法（即法）作為自然法（即禮）的具體化，具有道德規範的作用」，一直是古代統治者訂立典例自覺遵循的原則，「早在戰國時代，中國歷史上第一部古典的成文法《刑書》就於公元前六世紀在鄭國誕生」。[2]雖然這部法律與言論的管制沒有任何直接關係，但「正明法，陳嚴刑，將以救群生之亂，去天下之禍」的以法治國的統治意識卻由此萌生，並對以後歷代統治者控制社會產生了深遠的影響。於是統治者們採取禁錮思想、鉗制言論的文化專制政策，制定了許多鎮壓言論出版的法令，即所謂「上上禁其心，其次禁其言，其次禁其行」是也。[3]

中國古代的報紙，屬於官方的，從唐朝的《進奏院狀》，宋明兩朝的《邸報》，到清朝的《邸報》、《官書局彙報》和《諭折匯存》等，有近一千兩百年的歷史。屬於民辦的，從北宋的《小報》，明末報房的《邸報》、《急選報》，到清末報房的《京報》，也有近一千年的歷史。[4]但是，考察中國古代新聞各個歷史階段的新聞內容和形態，可以看出中國古代新聞，完全就是一部王權新聞的歷史，這是中國古代新聞的重要特點。[5]正如楊師群指出的，中國古代的新聞傳播具有三大特點：朝廷官文書、官報的信息傳播方式占絕對主導地位；新聞檢查制度與政治統治知情度之間的矛盾；嚴格控制民間及其它各種內容與形式的新聞傳播。[6]

---

2 布迪‧莫里斯撰，朱勇譯：《中華帝國的法律》（南京市：江蘇人民出版社，1995：21。

3 崔明伍：《新聞傳播法》（合肥市：合肥工業大學出版社，2006年），頁250。

4 方漢奇：〈《清史》〈報刊表〉中有關古代報紙的幾個問題〉，《歷史檔案》2007年第2期。

5 王桃：〈中國為什麼沒有產生近代大眾傳媒〉，《現代傳播》2006年第1期。

6 楊師群：《中國新聞傳播史》（北京市：北京大學出版社，2007年），頁18-22。

一　官文書與官報的傳播方式占絕對主導地位

從商周時的官文書開始，及至漢唐時的官報出現，官方一元化的信息主導傳播方式源遠流長。亦如楊幼炯所言，「自秦、漢以降，數千年來法令之更張，制度之興革，皆緣於君主一人之手。一代之法制，除君主之詔令外，別無法律，自無立法之可言」。[7] 政治統治需要「令行禁止」，正如南宋兵部侍郎周麟之所著《海陵集》中《論禁小報》這篇奏章中所指出的，「使朝廷命令，可得而聞，不可得而測；可得而信，不可得而詐，則國體尊而民聽一。」

「邸」制起源於西漢，《西漢會要》中有明確的記載。儘管「邸」制的起源非常明瞭，但對於邸報始於何時，卻是長期以來新聞史學界無定論的問題。對於古代報紙的起源看法不一，主要原因有兩個方面：一因史料不足；二因對現存的史料看法不同。[8] 邸報的內容主要是官方公文，因為是官報，邸報「其源蓋出於《起居注》、《月表》、《月曆》、《時政記》之類」，「所紀無非皇室動靜，官吏陞降，與尋常論摺而已」。[9] 那些用木活字排印的《京報》，所載無非也是上諭、奏摺、官吏陞降之類，發行數量不大。其形式是書本式小冊子、薄薄的竹紙每日二三頁，多或六七頁。字體不大，大小不一，行字歪斜，墨色濃淡不勻，魚魯亥豕，幾乎每頁均有。外裏黃色薄紙，蓋有朱印木戳「京報」二字，及某某報房字樣。

人們對官府發佈的消息，不可進一步探聽其內幕，也不可進行有關的推測，只能聞而信之，尊而從之。臣民不允許知道的消息是不能

7　楊幼炯／瞿同祖：《近代中國立法史》／《中國法律與中國社會》（影印本）（北京市：商務印書館，1936年），頁1。

8　方曉紅：《中國新聞史》（南京市：南京師範大學出版社，2004年），頁9。

9　戈公振：《中國報學史》（北京市：生活・讀書・新知三聯書店，1955年），頁23。

發佈的。官報從它第一天問世起，就有了如何核定有關消息能否發佈的功能。「邸報」由官方控制，發行範圍有限，許多關心國家命運前途的知識分子和民眾，一般是無法閱讀到「邸報」的。駐京進奏院的進奏官利用他們工作便利，把弄到一些「邸報」不宜刊載，而社會需要信息，就私下編印，自行發佈。[10]

「京報」這一名稱在明朝已經出現，當時還只是邸報的別稱。至清朝初年，京報與邸報也是同一種概念，有人把駐京提塘——「京塘」抄發的邸報稱為「京報」。「京報」在清中葉以後才逐漸發展成為官報的專用名詞。清乾隆十八年（1753年），撫州發生傳抄偽稿案。朝廷感到由各省提塘分別向地方抄發「京報」，很容易夾入偽稿，決定對抄報制度進行改革。清乾隆二十一年（1756年），朝廷決定：「嗣後各提塘公設報房，其應抄事件，親赴六科抄乃，刷印轉發各省。所有在京各衙門抄報，總由公報房抄發。」[11]此後，由民間報房刊行的《京報》，不僅為封建王朝政府所認可，而且已發展成為中國古代報紙的主流，成為清代新聞信息傳播的主要工具，上自殿閣大學士，下至知府縣令，都依靠京報獲知朝政，瞭解京內外各方面的信息。

京報開始呈現出某些大眾傳播工具的性質，如傳播信息的行為具有一定的組織化、信息享用公開化、傳播對象大眾化以及傳播信息的目的具有商業性等。它是我國古代報紙發展的最高形式。[12]不過，雖說京報是中國古代報紙發展得最成熟的一種形式，與以前的同類新聞載體相比有很大的不同，但它仍沒有質的變化，其內容主要有三：朝廷政事動態（或稱「宮門抄」）、皇帝諭旨、官員奏章，偶有一些銓

---

10 馬光仁：《中國近代新聞法制史》（上海市：上海社會科學院出版社，2007年），頁22。

11 宮承波等：《新聞歷史與理論》（北京市：中國廣播電視出版社，2007年），頁16。

12 方曉紅：《中國新聞史》（南京市：南京師範大學出版社，2004年），頁21。

敍、科舉和司法案件方面的消息。只有抄錄和印刷人員，只許照章抄錄，不准自行採寫新聞、發表評論、安排版面，也沒有近代報紙才具有的真正意義上的記者和編輯。報房運作過程中一般能嚴格自律，遵守當局的禁令，不敢越雷池半步，所以得到統治者的默許，「所有刊發鈔報，乃民間私設報房轉向遞送，與內閣衙門無涉」。當然，其編輯、印刷、發行業務亦無法律的正式許可。因此，京報還不是近代傳播媒介，還不能進入近代報刊的範疇。[13]

　　清代時，統治者也常用榜文、帖示、告示等發佈和傳播官方消息。隨著印刷技術的發展，書籍、年畫、曆書、商業傳單等印刷品也大量問世。其中，新聞信息彙編之類不少，如《諭折匯存》、《閣抄彙編》、《邸報全覽》、《邸鈔彙編》、《時事採新彙編》等，內容大多取材於京報。[14]

　　清代的提塘官們還曾經發行過一種小報。小報又稱小抄（或小鈔），所刊載的主要是提塘官們和提塘報房的刷寫報文者們自行採錄的消息，目的在為有關省份的官員們提供更多的朝廷信息。不過這些小報，主要見於清初的順、康、雍、乾四朝。提塘小報受到當局的注意和限制起始於康熙末年。當時曾經以上諭的方式禁止小報的發行，但沒有顯著效果。直到雍正乾隆兩朝一再查處以後，小報才被完全禁止。[15]

　　從傳播學的角度來看，邸報顯然不屬於大眾媒體，其受眾只限於朝廷官員，其傳播目的僅僅為了保證行政統一的效果。在近代報業興

13　宮承波等：《新聞歷史與理論》（北京市：中國廣播電視出版社，2007年），頁17；
　　楊師群：《中國新聞傳播史》（北京市：北京大學出版社，2007年），頁16。
14　楊師群：《中國新聞傳播史》（北京市：北京大學出版社，2007年），頁17。
15　方漢奇：《中國新聞事業通史）》（北京市：中國人民大學出版社，2000年），卷1，
　　頁202-203。

起之後，邸報依然沒有改變它的性質，只是漸漸演變成了《宮門
抄》、《內閣官報》等，一直演變成民國時期專司發佈「國家之制度」
的《政府公報》。

二 嚴苛的傳播審查制度

在中國古代，新聞信息傳播活動已經十分發達。因此，歷代統治
者均十分重視這一現象，並運用法律手段予以嚴酷的管制，建立了
「言禁」、「書禁」、「報禁」等新聞信息傳播統制制度，防範與限禁一
切不利於封建專制統治的文字、出版活動。這一統制制度，不僅束縛
了古代新聞信息傳播活動的發展，而且還影響到近代新聞事業的發
展，成為近代新聞法制的歷史淵源。

唐代曾於七世紀中期頒佈過一部較為詳盡完備的成文法典——
《唐律》，被稱為「標誌著禮與法的精神結合的最終完成」[16]，它是最
早載有限禁言論、出版活動的法典。自唐律起，歷代頒行的法典均載
有「造妖言妖書」罪的認定與懲罰的條款，並作為封建政府對付言
論、出版活動的主要法律依據。而最早的禁印法令可能出現在中唐時
期，史載公元八百三十六年一月二十二日（大和九年十二月二十九
日），唐文宗曾敕令「諸道府不得私置日曆板」。

至宋代，政府允許甚至鼓勵民間從事對封建統治有益無害的文字
出版活動。宋初巴蜀民間出版世家毋守素將其父毋昭裔所刻《文
選》、《初學記》等書傳至中原，使這些著作「大彰於世」。[17]南宋時，

---

16 布迪‧莫里斯撰，朱勇譯：《中華帝國的法律》（南京市：江蘇人民出版社，1995
   年），頁21。

17 吳任臣：《十國春秋)》（北京市：中華書局，1983年），冊2，頁768-769。

文學家洪邁刻《萬首唐人絕句》，皇帝稱其精博，有茶香金器之賜。哲學家呂祖謙編《宋文鑒》，得到銀三百兩、絹三百匹的賞賜。因此，北宋初年起，民間已有以刻書為業者，如臨安陳氏萬卷堂曾於宋太宗淳化年間刻印《史記》一書。至南宋時，民間刻書成風，「士大夫所至喜刻書板」（陸游語）。[18]另一方面，宋代政府對不利於其專制統治的圖書的限禁則較前代更為苛刻：對刻印圖書實行出版前審查制度，力求將一切於封建統治不利的圖書扼殺於襁褓之中。

　　古代對報紙實施管制有史可查的最早記錄應該也是宋代於九百九十九年開始實施「定本」[19]制度——為了控制邸報的內容，宋真宗咸平二年（公元999年）起實行這一制度：「進奏院所供報狀每五日一寫，上樞密院定本供報。」[20]對報紙的管制之所以從宋代起開始突出，是因為在宋代朝報、小報的輾轉傳抄與分送，使過去專供藩鎮以及地方官吏閱讀的邸報變成人人可以買到的讀物。封建統治者不願將宮廷秘聞和施政內幕變成街頭巷尾的談資，自然要對報紙加以管制。

　　宋朝對報刊的管理，比較典型的代表了中國古代言論出版的管理制度。它雖沒有形成比較完整的法律條文，但已涉及新聞法規的許多方面，具有新聞法制的一些基本要素。在以後的各個朝代對言論出版的管理，多數沿襲了宋朝的做法，只是因為形勢的變化，在管理上時松時緊，處罰時重時輕。如在宋元兩代的出版前審查制度已被廢棄，「書皆可私刻」，普通知識分子只要有錢就可以刻印。但其前提是不

---

18 張秀民：《中國印刷史》（上海市：上海人民出版社，1989年），頁56。

19 所謂「定本」，指的是根據進奏官們採錄來的各種發報材料，經本院監官編好，送請樞密院或當權的宰相們審查通過後產生的邸報樣本。進奏官們必須根據這一樣本進行發報，「定本」制加強了對邸報內容的管理。參見方漢奇：《中國新聞事業通》（北京市：中國人民大學出版社，1999年），卷1，頁110；方漢奇、史媛媛：《中國新聞事業圖史》（福州市：福建人民出版社，2006年），頁15。

20 徐松輯：《宋會要輯稿》（北京市：中華書局，1957年影印本），頁2394。

得危害統治階級的統治，不得觸犯封建統治者的利益，不得冒犯皇帝的尊嚴等。[21]

元代繼續實行圖書出版前審查制度，民間雖仍有書坊刻印圖書，但限禁甚嚴，刻書極難。至明代，宋元兩代的出版的審查制度已被廢棄，書皆可私刻，普通百姓只要有錢就可任意刻印，甚至外國人也可刻印圖書。[22]

清朝關於新聞出版的專門法規是在晚清新政過程中才陸續制定頒發的，在一系列報律出臺之前，清政府雖沒有出臺限禁報刊出版的法令，但一直援用《大清律例》[23]來禁錮言論，約束和限制近代報刊的發展，對於私自出版各類新聞報刊，清廷可以任意處罰，執法的隨意性極大。對言論出版（包括報刊）的違規行為，則以「造妖書妖言」罪加以重罰，「凡造讖緯妖書妖言，及傳用惑眾者，皆斬。（監候。被惑人不坐，不及眾者，流三千里，合依量情分坐）。若（他人造傳）私有妖書，隱藏不送官者，杖一百，徒三年。」具體條例含有三點：

一、凡妄布邪言書寫張貼，煽惑人心，為首者，斬立決；為從者，皆斬監候。若造讖緯妖書妖言，傳用惑人，不及眾者，改發回城，給大小伯克及力能管束之回子為奴。至狂妄之徒，因事造言，捏成歌曲，沿街唱和，及以鄙俚褻嫚之詞，刊刻傳播者，內外各地方官，即時察拿，審非妖言惑眾者，坐以不應重罪。

---

21 馬光仁：《中國近代新聞法制史》（上海市：上海社會科學院出版社，2007年），頁25。

22 明萬曆初意大利天主教教士利瑪竇來華傳教，設立天主教堂。以後葡萄牙、法國、德國的教士也相繼來華。他們大量翻譯教內書籍，編印散發，如南京教堂刻印利瑪竇的《交友論》等書，杭州天主教堂刻有意大利艾儒略的《職方外記》、《西學凡》等書。參見張秀民：《中國印刷史》（上海市：上海人民出版社，1989年），頁352、頁361。

23 該「律例」是清順治三年（1646）以明律為藍本，參考金滿舊制制定的一部法典，以後每五年一小修，每十年一大修，成為清法典的集大成者。

　　二、凡坊肆市買一應淫詞小說，在內交與八旗都統、督察院、順天府，在外交督撫等，轉行所屬官弁嚴禁，務搜板書，盡行銷毀。有仍行造作刻印者，係官革職，軍民杖一百，流三千里；市買者杖一百，徒三年；買看者杖一百，該管官弁不行查出者，交與該統，按次數分別議處。仍不准，藉端出首訛詐。

　　三、各省抄房，在京探聽事件，捏造言語，錄報各處者，係官革職，軍民杖一百，流三千里。該管官不行查出者，交與該部，按次數分別議處。其在貴近在大臣家子弟，倘有濫交匪類，前項事發者，將家人子弟亦不行約束之家主，並照例議處治罪。

　　根據上述法律的規定，凡被認為犯有「造妖書妖言」罪者，都要受到極酷烈的處罰。被懲罰者不僅僅是撰稿人、編輯出版者，還包括發行傳播者、閱讀者，以及當地該管官員等都受到不同程度的懲處。[24]另外，地方政府也曾發佈過禁止「偽造謠言刊賣新聞紙」和「私自刊刻新聞紙」之類的禁令。民間報刊的出版一直處於非法狀態[25]，隨時

24　馬光仁：《中國近代新聞法制史》（上海市：上海社會科學院出版社，2007年），頁28。

25　關於中國古代有無合法民報的問題，存在針鋒相對的兩種意見。吳廷俊認為中國古代合法民報產生於明代中期，盛行於清代。合法民報的產生，是由當時的社會環境來決定的。出於政治上的需要，政府允許民間自設報房，翻印部分官報稿件，公開出售。因而，合法民報在內容上以刊登朝廷「官文書」為主，而在編發上由民間設立報房獨立發行；既可以宣達皇命，又可以營利賺錢。因而可以把《京報》看成是中國政企合一報紙的發端。他還認為中國古代合法民報具有四大特徵：其一，內容是官報的翻版；其二，形式比較完備；其三，報房自主經營；其四，報房自辦發行。參見吳廷俊：《中國新聞傳播史稿》（武漢市：華中理工大學出版社，1999年），頁27；吳廷俊：《中國新聞史新修》（上海市：復旦大學出版社，2008年），頁21-24。而楊師群不同意吳廷俊關於明清的「京報」為「合法民報」的結論，楊認為明清時官府對民間報房嚴加控制。京報雖然主要是民間報房的產品，但是就其操作工序而言，最多只是官文書郎鈔的翻版，實為官報的附庸。京報很少有自採新聞，更沒有自己的言論，一般能嚴格自律，遵守當局的有關禁令，不敢越雷池半步，所

都可能被清政府援律查禁。

　　當然，在晚清傳媒管理制度的發展過程中，太平天國嚴苛的傳播審查制度也應被提及。就體制而言，太平天國的出版機構也是官辦性質，對書籍出版非常重視，控制也異常嚴密。一八五一年二月金田起義不久，太平軍在勢力尚很弱小時就開始出版書籍。佔領永安州的半年時間裏，出版書籍更多。定都南京後，正式宣佈儒家典籍為「妖書邪說」，「盡行焚除，皆不准買賣藏讀」。太平天國對自己所編的出版物作了各種重要修改，凡以前引用儒家典籍和保存鬼神祭祀等內容都大加刪削，並於一八五四年三月在天京（南京）明瓦廊大街正式成立了刪書衙，其主要職能為「凡前代一切文契書籍不合天情者，概從刪除」。[26]太平天國後期書籍也宣傳封建等級制度、綱常倫理和仁義道德，明顯地向封建文化妥協。至於將鬼神、祭祀等內容刪去，換上個「皇上帝」，實在也並不高明多少。[27]而且，很多起義農民不懂得文化遺產的重要意義，不分青紅皂白把大批古籍投入茅廁，用水澆用火燒，帶來的破壞性是顯而易見的。[28]其實，歷史早已證明，無論什麼朝代，不論是禁書、毀書還是刪書，都是對文化遺產的破壞，帶來的結果不僅毫無可取之處，甚而是災難性的。

以能得到官府的批准。報房只能傳抄朝廷審核同意的政事，否則便是非法作業，當時根本不可能產生類似的法律概念，同時它們也不是真正意義上的民報。參見,楊師群：《中國新聞傳播史》（北京市：北京大學出版社，2007年），頁20-21。

26 姚福申：《中國編輯史》（上海市：復旦大學出版社，2004年修訂本），頁242-243。

27 姚福申：《中國編輯史》（上海市：復旦大學出版社，2004年修訂本），頁244。

28 法國社會學家謝和耐在《中國社會史》一書中曾認為：「在一八五〇至一八七〇年間，顯著改變了中國的政治形勢、官僚隊伍、經濟稅收、文化生活諸因素的，絕不是西方列強的行為，而是太平天國戰爭這場可怕的社會和政治危機。」（參見謝和耐撰，耿昇譯：《中國社會史》〔南京市：江蘇人民出版社，2005年〕，頁453）當然，謝和耐的這番話顯然有為西方侵略者開脫之嫌，但是，他提及的太平天國戰爭帶來的「可怕的社會和政治危機」應是不爭的事實。只是筆者以為，對太平天國戰爭帶來的文化破壞的問題還可進一步探討。

　　近代報刊是一種大規模信息傳播活動的工具，是近代資產階級文明的一種表現形式，但在中國，近代報刊卻出現在封建專制統治的晚期。先進的近代報刊與落後的封建文化專政制度在本質上是不相容的。封建的文化專制主義，既不需要也不允許具有大眾傳播功能的近代報刊的存在，因此，先進的近代報刊與落後的封建制度處於矛盾與鬥爭的狀態之中，就構成了晚清傳媒管理制度發展史上的一個重要特徵。

三　嚴格控制民間的傳播活動

　　政治利益對媒介的控制，在一些情況下可以促進媒介人性化的發展，如適當的把關保證高品質的傳播內容、對弱勢群體在一定程度上的關懷等。但如果控制不當或過於苛刻，常常使媒介淪為權力的媒介，服務於對受眾思想的壓制和誘導，而不是為受眾溝通信息和表達意見提供服務平臺。早在我國古代的周朝，殘暴的周厲王就有「弭謗」的惡劣招術，「在當時『口口相授』還是主導信息傳播方式的狀況下，對老百姓『封口』與其說是限制言論自由，倒不如說是直接干預、阻斷這一重要的信息傳播媒介」。[29]

　　古代的民間報紙，就是當時人們說的「新聞」或曰「小報」。「小報」和「邸報」一樣都不是固定的名稱，也不是出於一家一人之手，是當時人們對社會上流行的非官方報紙的習慣稱呼。古代小報的出現略晚於邸報，一般指稱那些「往往以虛為實，以無為有」的非正式信息通報。古代小報是民間流傳的「傳單」，是記錄「莫知從來之浮言」的「飛報」，戈公振認為是中國最早的「新聞」載體。亦有論者

---

29 庹繼光：《中國當代傳播理論體系分析》（成都市：四川大學出版社，2005年），頁44。

認為「小報是中國新聞史上最早的民間私自發行的非法報紙」。[30]

雖然有論者認為「『小報』產生於何時，由於資料不足，難以考查」[31]，不過可以肯定的是「小報」一詞在宋代即已出現，因為周麟之在《論禁小報》中提及「小報者，出於進奏院，蓋邸吏輩為之也。比年事有疑似，中外不知，邸吏必竸以小紙書之，飛報遠近，謂之『小報』。」由於古代小報與生俱來的善於蠱惑眾聽的功能，妨害了封建統治者「民可使由，不可使知」的執政秘訣的施行，所以誕生之始就面臨著覆滅的危機。

中國古代的一些非法小報，往往在特殊歷史時期伴隨社會矛盾的激化而產生。如兩宋之交和明末清初，在民族矛盾、階級矛盾、新舊黨爭交織激化之下，士人需要瞭解各方面的政治動向與邊防實況。每當政治形勢「山雨欲來風滿樓」之際，也就是非法民報出現之時，其所造就的並不是社會在正常運作過程中的民營新聞事業，而主要是在統治紊亂或國家危機之時，商人靠搜列奇聞謀利，黨派靠傳播不利消息打擊政敵，是一種非法且畸形的民營新聞謀利作為。儘管這類小報主要是傳播各類消息，甚至也有一些反映民間社會輿論的內容，但是在實質上算不上正常運作的民間新聞事業，而主要是一種通過非法手段對官方新聞進行補充而使其性質有所異化的新聞傳播。[32]

即使在官方內部，除了通過有限管道有選擇性地公佈一些政務信息之外，其朝政內幕在很大程度上也是被內廷嚴格控制而隱秘不宣的，況且隨意性又是專制政治的一大特徵，這樣，就有生發有關傳聞的莫大空間。劉體智作為當年曾任疆吏高官的劉秉璋的兒子，嘗憶及

30 方曉紅：《中國新聞史》（南京市：南京師範大學出版社，2004年），頁17。

31 馬光仁：《中國近代新聞法制史》（上海市：上海社會科學院出版社，2007年），頁22。

32 楊師群：《中國新聞傳播史》（北京市：北京大學出版社，2007年），頁21。

關於乃父當年的有些官場瓜葛，傳聞不一，底細難明，感慨「朝政之不易知，人言之難盡信」。[33]

　　清政府在意識形態各層面的控制進一步嚴格起來。大規模禁燬書籍的行為歷代均有發生，一向被看作淫辭小調、蠱惑人心的小說在傳統文化中，更是難以安身立命。甚至連戲曲、小說、演劇賽會等，都在嚴禁之例。[34]「康、雍、乾三朝興起了一百二十多次大、小文字獄，以乾隆朝為最多。大的文字獄不特作者、編輯、出版家有滅門之禍，有時連刻工、印工、訂書工、書賈及買書人，均不免被殺」。[35]

　　早在一七一四年，康熙就下令嚴禁小說和淫辭，朝廷正式議定「買看例」，即規定「買者杖一百，看者杖一百」的懲罰條例。雍正、乾隆如法炮製，對於小說的禁止更是有增無減。乾隆元年（1736）閒齋老人在〈儒林外史序〉中寫道：「《水滸》、《金瓶梅》，誨盜誨淫，久幹例禁。」「例禁」即歷來一貫遵循的禁燬小說的禁令。禁燬小說，可以說是歷任清朝統治者奉行的慣例。[36]乾隆還借修《四庫全書》之際，對全國圖書中凡認為對清朝有不利的片言隻語，都以「違礙」的罪名列為禁書，被全毀或抽毀的達數千種之多。[37]在〈大清會典事例〉、〈欽定六部處分則例〉等法令中有禁止「訛傳」、

---

33 劉體智：〈緩加旗餉傳聞種種〉，《異辭錄》（北京市：中華書局，1988年），卷2，頁120。

34 《大清律例》卷三十四《刑律》〈雜犯〉「搬做雜劇」條稱：「凡樂人搬做雜劇戲文，不許妝扮歷代帝王后妃及先聖先賢、忠臣烈士神像，違者，杖一百。官民之家，容令妝扮者，與同罪。其神仙道扮及義父、節婦、孝子、順孫勸人為善者，不在禁限。」其具體「條例」又稱：「城市鄉村，如有當街搭臺懸燈，唱演夜戲者，將為首之人，照違制律，杖一百，枷號一個月。不行查拿之地方保甲，照不應事重律，杖八十。」

35 張秀民：《中國印刷史》（上海市：上海人民出版社，1989年），頁544。

36 王燕：《晚清小說期刊史論》（長春市：吉林人民出版社，2002年），頁34。

37 張秀民：《中國印刷史》（上海市：上海人民出版社，1989年），頁544。

「捏造訛名」、「招搖詐騙」、「任意捏造，駭人耳目」等規定。

　　一八四〇年鴉片戰爭失敗後，大清王朝江河日下，道光皇帝把國力日衰的原因部分地歸咎於小說。一八三四年，他曾發佈禁燬傳奇演義的「通諭」，一八四四年再次發佈詔令，說「假畫地獄，私造邪書，偽傳佛曲，搖惑四民……法實在所難容」。[38]於是頒佈禁令，這次禁燬的小說戲曲多達一百一十九種，自元代以來公開出版的幾乎無一例外地列入禁燬範圍。[39]一八六八年，清政府又發佈禁燬小說傳奇令：「邪說傳奇，為風俗人心之害，自應嚴行禁止，著各省督撫飭屬一體查禁焚燬，不准坊肆售賣，以端士習而正民心。」[40]江蘇巡撫丁日昌於同年五月七日、十三日應詔發佈禁燬淫詞小說令，他不僅在江蘇設立了專門的禁燬機構，還把執行禁令的情況作為衡量官吏政績的標準，所謂「將以辦理此事之認真與否，辯守令之憂絀焉」。[41]這兩次共開列禁燬小說兩百六十九種，其中包括《紅樓夢》、《水滸傳》、《西廂記》等，也包括諸如《玉妃媚史》、《繡榻野史》等猥褻小說。[42]

　　一八七一年，即《申報》創刊的前一年，同治再次頒佈禁燬小說的命令。與以往的措施不同，同治年間禁燬的不僅僅是刊印的書籍，甚至包括書板。書板被毀，再行刊刻的成本加大，出版商冒險刊印小說的經濟收益大打折扣，對於刊印小說的興趣自然大大降低。由此，在清政府不遺餘力的禁燬圖書的文化政策下，新式出版物的創作和刊

38 王利器：《元明清三代禁燬小說戲曲史料》（上海市：上海古籍出版社，1981年），頁187。

39 王燕：《晚清小說期刊史論》（長春市：吉林人民出版社，2002年），頁34。

40 王利器：《元明清三代禁燬小說戲曲史料》（上海市：上海古籍出版社，1981年），頁81。

41 王利器：《元明清三代禁燬小說戲曲史料》（上海市：上海古籍出版社，1981年），頁142。

42 王燕：《晚清小說期刊史論》（長春市：吉林人民出版社，2002年），頁35。

印都大受影響。很長一段時間內，小說、戲曲都是清廷嚴令禁燬的淫詞小調，其它出版物也難以獲得寬鬆的生存環境。

正如馬克思抨擊普魯士王朝書報檢查令的時候所指出的，「我是一個幽默家，可是法律卻命令我用嚴肅的筆調。我是一個激情的人，可是法律卻指定我用謙遜的風格。沒有色彩就是這自由唯一許可的色彩。每一滴露水在太陽的照耀下都閃耀著無窮無盡的色彩。但是精神的太陽，無論它照耀著多少個體，無論它照耀著什麼事物，都只准產生一種色彩，就是官方的色彩」。[43]當中國古代的報紙、書籍產生或發展到一定程度時，在信息傳播方面自然具有一定的規模效應，必然也與封建社會一以貫之的文化專制政策產生衝突。因此自宋代起，當中國古代報紙有了一定的發展、產生了一定的社會影響之際，封建統治者立刻運用法律手段予以調控，對於違反有關法令者，則以相關法律予以殘酷的懲治。

第二節　媒介技術發展加速報律的出臺

儘管鴉片戰爭後中國社會發生了深刻變化，清政府推行的傳統法制，包括法律法規、司法機構和執法程序都出現了重重弊病，難以適應新形勢的需要。有識之士不斷對傳統法制的弊端進行揭露和抨擊，呼籲學習西方近代法律，改革中國傳統舊法，如鄭觀應認為：「惟我國尚守成法，有重無輕，故西人謂各國刑罰之慘，無有過於中國者。如不改革，與外國一律，則終不得列於教化之邦，為守禮之國，不能入萬國之法，凡寓華西人不允歸我國管理雲。」[44]但在二十世紀之前

---

43 馬克思、恩格斯：《馬克思恩格斯全集》（北京市：人民出版社，1956年），卷1，頁7。
44 鄭觀應：〈盛世危言〉〈刑法〉，夏東元：《鄭觀應集》（上海市：上海人民出版社，1982年），上冊，頁500。

清朝政府都未制定專門的傳媒管理法律，清廷對危害其統治的傳媒及其產品主要依照《大清律例》「造妖書妖言」條例進行嚴厲制裁。

直至「新政」，清政府才頒佈了五部近代意義上的傳媒管理法規：〈大清印刷對象專律〉（一九〇六年七月）、〈報章應守規則〉（一九〇六年十月）、〈報館暫行條規〉（一九〇七年九月）、〈大清報律〉（一九〇八年三月，我國歷史上第一部比較完整的新聞法）、〈欽定報律〉（一九一一年一月）。為了敘述的方便，本書將這五部法規統稱「報律」。

作為西學東漸之產物，系列傳媒管理法規的制定亦是晚清變法內容之一，如實反映了時代的特殊背景，也反映了其時新聞傳播事業發展概況。新聞傳播事業的發展歷來受到多種因素的影響，其中新聞傳播法規或政策有著直接的制約作用，那麼為什麼中國漫長的封建王朝都沒有出臺專門的新聞傳播法規？而晚清媒介技術的發展對官方的新聞傳播法規的出臺又有著何種影響呢？

中國封建王朝歷來文禁如毛，言禁極嚴，人們動輒得咎。在一些文字獄中統治者不僅追究直接責任人，而且相關人員也要層層連帶，使得人人自危、層層自糾，造成了無形的新聞檢查制度。雖然小報是屢禁不絕，但其數量和影響力畢竟有限，而且嚴刑苛政下以身試法者畢竟少之又少，顯然無法形成對統治者政權的根本衝擊，所以長期以來沒有形成專門的傳媒管理法規也甚合情合理。

不過到了晚清，隨著媒介新技術的引進與使用，印刷出版事業得以迅猛發展，對清政府的統治提出了新的挑戰，原先的「造妖書妖言」條例逐漸無法適應傳媒發展的全新格局。十九世紀末期，鉛活字印刷已在中國得到普遍使用，而石印技術在中國更已生根開花，這些新式印刷技術的採用使得報刊生產成本大為降低。成本的降低自然帶來了受眾數量的增長，無形中又拓寬了印刷出版的發展空間，刺激了

人們辦報創刊、出版書籍的熱情。同時，大量民間商辦出版機構的出現，打破了近代官辦書局一統天下的局面。據統計，僅翻譯一項，一九〇一至一九〇四年間就翻譯出版西書和日文書籍五百三十三種。[45]如果放長考察的時段，在1896~1911年間譯過來的書就更多了。除了翻譯之外，還有中國人自行編著的各類書籍大量問世，比如前文提及的鄒容的《革命軍》先後發行二十多版超百萬冊，新學書籍的發行總量可見一斑。這些新學書籍中相當一部分分析透徹、語言尖銳、切中時弊，並和反應敏捷、影響廣泛的新式報刊形成合力，對清朝政府的舊有法規和統治根基發起了猛烈的衝擊。

新聞傳媒作為特殊的執政資源，其存在價值，說到底是成為對它擁有支配權的執政者的特殊工具，執政者藉以表達自己主張以影響公眾。[46]對於剛剛出現的國人自辦報刊，清政府最初的反應也是禁止出版，然而後來愈加力不從心，難以為繼。隨著封建專制制度與近代傳媒發展之間矛盾的日益尖銳，廢除束縛近代報刊發展的舊法規，建立適應近代傳媒發展的新法規已然成為時代的共識。

一八九八年七月二十六日（六月初八），光緒帝就孫家鼐奏遵議上海時務報改為官報一折發佈上諭。這一上諭，是中國歷史上第一個公開宣告開放「報禁」的法令。一八九八年六月十九日（五月初一日），即「百日維新」開始後的第九天，光緒帝就發佈了一個有關報紙的「上諭」：「所有官書局譯印各報，著自五月初一起，每五日匯訂一冊，即按逢五逢十日期，封送軍機處呈遞。」這一上諭雖未明確宣佈開放「報禁」，但光緒帝對報業的重視已粲然可見。在之後的「新政」中，「提倡開辦報館」亦是一項重要內容。在清朝最高統治層

---

45 諸宗元、顧燮光：〈譯書經眼錄序例〉，張靜廬輯注：《中國近代出版史料二編》（北京市：中華書局，1957年），頁100-101。

46 丁柏銓：〈新聞傳媒：特殊的執政資源〉，《江海學刊》2007年第1期。

中，最先提出制定關於報刊出版單行法的是光緒帝。他在「百日維新」期間的一道諭旨中指出，「泰西律例專有報律一門，應由康有為詳細譯出，參以中國情形，定為報律，送交孫家鼐呈覽」。[47]此後光緒多次在諭旨中論及報館，如一八九八年七月二十六日在批准改《時務報》為官報的諭旨中指出：「報館之設，所以宣國是而達民情，必應官為倡辦」，「將時務報改為官報，派康有為督辦其事。所出之報，隨時呈進。其天津、上海、湖北、廣東等處報館，凡有報單，均著該督撫諮送都察院及大學堂各一份，擇其有關時務者由大學堂一併呈覽。至各報體例，自應以指陳利弊、開拓見聞為主，中外時事，均許據實昌言，不必意存忌諱，用副朝廷明日達聰勤求治理之至意」。八月九日在諭旨中他再次提出，「報館所若論說，總以昌明大義抉去壅蔽為要義，不必拘牽忌諱，致多窒礙。泰西律例專有報律一門，應由康有為詳細譯出，參以中國情形，定為報律」。九月十二日的諭旨中要求有關官員「切實勸辦」報館，「官紳士民」均可申辦。他甚至還指示用官費訂報，分發各衙門閱覽。

戊戌變法期間光緒總共發佈一百八十餘條上諭，其中相當一部分內容涉及准許民間創辦報館；准許平民上書言事，官吏不得阻礙；正式承認官報、民報均有合法的地位。於是，「報禁」、「言禁」的藩籬首次被衝破，官紳士民也第一次獲得官方准許的辦報自由。然而，未久發生了保守派政變，光緒委託康有為起草的「報律」遂成一紙空文。中國近代第一次新聞自由的嘗試也隨著維新運動的失敗而夭折。不過庚子事件後，國內「維新」、「變法」的聲浪再起，關於制定報律、出版律的呼聲再次高漲。

奉旨考察各國憲政的載澤等五大臣在給朝廷的奏摺中重申了制定

---

47 朱壽朋：《光緒朝東華錄》（北京市：中華書局，1958年），頁4155。

報律、出版律的問題，其云：「集會、言論、出版三者，諸國所許民間之自由，而民間亦得自由為幸福……宜採取英、德、日本諸君主國現行條例，編為集會律、言論律、出版律，迅即頒行，以一趨向而定民志。」[48]

在預備立憲「大權統於朝庭，庶政公諸輿論」原則指導下，清廷開始了新聞法制建設工作。一九○六年七月，清政府制定的第一個傳媒管理法規——由清政府商部、巡警部和學部共同擬定的〈大清印刷對象專律〉出臺，該律分為大綱、印刷人等、記載對象等、誹謗、教唆、時限六章，四十一條，對包括新聞報刊在內的印刷物的註冊登記（實為批准）、印刷物的禁載事項、誹謗與教唆、以及違犯該律的懲罰等作了明確的規定。其中第三章：記載對象等是有關新聞報刊的專章。該章第一條將新聞報刊定義為記載對象，「所謂記載對象等，或定期出版，或不定期出版，即新聞叢錄等，依本律名目，謂之記載對象」。該律詳細地列出禁載事項，將誹謗分為普通誹謗、訕謗、誣詐，尤其是訕謗條文十分苛嚴，給新聞從業人員劃出禁區。「雖然具有控制文字宣傳的針對性，但比起清朝盛行一時的文字獄，畢竟有明確的法律規定，不能任意比附和處置」[49]，而且以法律的形式頒佈，也意味著千年冰封的開裂，這不能不視為〈大清印刷對象專律〉的進步之處。

與此同時，清朝各級地方政府也制定了一些有關報刊業的地方性法規。一九○六年（光緒三十二年）五月，廣東南海縣令虞汝鈞頒佈了該縣自訂報律八條，對論說、公件、駁議、實事、訪聞、傳疑、錄

48　故宮博物院明清檔案部：《清末籌備立憲檔案史料》（北京市：中華書局，1979年），上冊，頁112。

49　朱勇：《中國法制通史》（北京市：法律出版社，1999年），上冊，卷9，頁194。

報、來函分別做出刊載規定，要求所屬各報一律遵行。[50]一九〇七年一月，兩廣總督周馥頒佈自訂報律三條：一禁詆譭兩宮及親王；二禁造謠生事：三禁妨礙治安。並嚴禁香港各地報紙入銷廣東。[51]直隸總督袁世凱也於同年二月發佈命令，查禁「悖逆書報」，作出「如再販運，照原價加罰一百倍」的規定。一九〇七年十一月，天津議事會還與當地十一家報館商定出〈記者旁聽公約〉八條。[52]這些地方政府制定的管理傳媒的地方性法規，形成了與清廷專門報律相配套的新聞法規體系，標誌著晚清傳媒管理制度的初步形成。

不過，〈大清印刷對象專律〉的適用對象是一般印刷出版物，內容涵蓋面較廣，具有出版法的性質，新聞報刊僅是其中的一部分內容，由於規定不具體也沒有很強的針對性，實施起來有一定困難。然而隨著西方媒介技術的發展以及蒸汽機等先進生產動力的引入，二十世紀初新聞報刊數量每年都有明顯增長，僅革命報刊就有數百種之多。為進一步加強對新聞報刊的控制，清政府巡警部劄飭京師巡警總廳又頒佈了〈報章應守規則〉，以和〈大清印刷對象專律〉並行。該規則共九條，於一九〇六年十月十二日頒行，其中前六條為「不得低譭宮廷；不得妄議朝政；不得妨害治安；不得敗壞風俗；凡關外交內政之件如經管衙門傳諭報館秘密者，該報館不得揭載；凡關涉詞訟之案，於未定案以前，該報館不得妄下斷語，並不得有庇護犯人之語」。最後一條是有關開辦報館的呈報事宜，新開報館必須經巡警所

---

50 方漢奇：《中國新聞事業編年史》（福州市：福建人民出版社，2002年），上冊，頁388；馬光仁：《中國近代新聞法制史》（上海市：上海社會科學院出版社，2007年），頁55。

51 方漢奇：《中國新聞事業編年史》（福州市：福建人民出版社，2002年），上冊，頁428。

52 方漢奇：《中國新聞事業編年史（福州市：福建人民出版社，2002年），上冊，頁389-390。

同意。[53]很顯然，這是一項不規範、不完備的新聞法規，因為只規定了禁載內容，未規定對違者如何處罰。而且，《報章應守規則》是由京師巡警總廳制定頒佈的，只具有地方效力，全國其它地區不一定執行，達不到清政府的要求。

一九〇七年八月（光緒三十三年七月），清政府民政部奏請擬定新的報刊法規，並附有〈報館暫行條規〉，民政部認為，「東西各國自政府以至庶民無不以報館為重要，而其對待報館之法又最嚴，今日中國報界言論既多不實，而各報主筆亦復良莠不齊，若不明定報律，必至莠言亂政，大為風俗人心之害」，現查「京外報館，日見增益，其開通民智，維持公論者固不乏人。而挾私攻訐，藉端詆毀，甚或煽助異議，搖惑人心」，對此「稽查約束，實不容緩」。[54]光緒批示後，〈報館暫行條規〉於一九〇七年九月五日正式頒行，成為正式報律頒佈前管制報紙出版業的專門傳媒法規。

〈報館暫行條規〉與〈報章應守規則〉相比較，條目雖相差無幾，但內容上已有明顯變化：第一，呈請登記批准的報刊均應載明編輯人、發行人、印刷人之姓名地址；第二，對違規者給予不同處罰；第三，通知相關的郵局、電報局等單位進行配合執行；第四，聲明只是「暫時條規」。新報律出臺後，照新報律執行。[55]這幾點看似簡單，倒也表明了它在原先基礎上更進一步。

相較前幾部傳媒管理法規，〈大清報律〉的起草和頒佈歷程要漫長得多。該律是在前幾部法律法規基礎上參考日本新聞法擬定而成，清政府有關部門最早開始起草是在一九〇四年八月，直至一九〇六年

53　〈報章應守規則〉，劉哲民：《近現代出版新聞法規匯》（上海市：學林出版社，1992年），頁30。

54　黃瑚：《中國新聞事業發展史》（上海市：復旦大學出版社，2001年），頁66。

55　馬光仁：《中國近代新聞法制史》（上海市：上海社會科學院出版社，2007年），頁58。

十月方才擬就草案四十六條。然清統治者依然十分謹慎，以為「事關法律，非詳加討論，不易通行」，並「以京外報館由洋商開設者十居六七，即華商所辦各報，亦往往有外人主持其間。若編訂報律，而不預定施行之法，俾各館一體遵循，誠恐將來辦理分歧，轉多窒礙」，[56] 而未予頒佈。一九〇八年一月十六日，民政部會同法部，調研「各國通例」，「參照內地情形」，擬出改定草案四十二條交由憲政編查館審核。憲政編查館秉承清廷意旨，增加了三條，並對草案中的若干條款進行了修改。直到一九〇八年三月十四日（光緒三十四年二月十二日），〈大清報律〉才奉旨正式頒行。

較之前幾部法律法規，〈大清報律〉內容更為詳盡，包括正文和附則共四十五條，除將前些時候制定的報刊法規的內容基本上全部收入外，還參考日本新聞紙法又加入了許多新的東西，內容涉及報刊創辦手續、編輯、稿件審查、出版、發行、禁載、違禁處罰、職業道德等方面。儘管〈大清報律〉有不少條例旨在加強對輿論的控制和對新聞自由的鉗制，如規定報刊發行前的送審制度：每日發行之報紙，應於發行前一日晚十二點鐘以前；其月報、旬報、星期報等類，均應於發行前一日午十二點鐘以前，送由該管巡警官署或地方官署，隨時查核。還規定不准刊登「詆毀宮廷之語，淆亂政體之語，擾害公安之語」，對違規者加重處罰。但是作為中國有史以來第一部完備的新聞法，該律措辭平和，少了峻法的面貌。其中尤為值得一提的是，該律將以前的開辦媒體的批准制改為註冊登記制加保證金制，這不能不說是傳媒管理中的一大進步。

〈大清報律〉頒行後遂成為晚清管理報刊的一部基本法——即使在民國成立以後北洋軍閥統治下的各省，仍有援用此律以壓制輿論之

---

56 張研：《1908帝國往事：一幅獨特的清末畫卷》（重慶市：重慶出版社，2007年），頁35。

事，直至一九一五年（民國四年）七月，北洋政府公佈《報紙條例》後〈大清報律〉才失去效力。但它對《報紙條例》以及整個北洋政府傳媒管理政策的直接影響，是不可忽視的。

　　一九一〇年（宣統二年），清政府民政部再次修訂〈大清報律〉，經資政院覆議後，改名為〈欽定報律〉於一九一一年一月二十九日（宣統二年十二月二十九日）頒佈。〈欽定報律〉保留了〈大清報律〉的基本內容，但管制進一步變動。[57]

　　比較晚清政府出臺的五部報律，可以說是越往後越是寬鬆。在報刊創辦的管理制度上：由一律禁絕而至批准制、最終採取了註冊制。刑事處分的範圍和量刑程度也不斷縮小，後期甚至對洩露軍事、外交機密等也改用罰款這樣的民事手段進行處置。從一九〇七年開始清政府甚至開放了報界對司法審判、軍事活動和重要會議的採訪許可權。至於報導和評論，只要不是直接號召暴力革命，即使是對清廷內政外交和皇室的尖銳批評、報律也都不加以限禁。即便晚清政府後來所制定的報律，其執行力度日趨「寬鬆」，但還是遭受各方抵制。各報館不僅對報律的禁條根本不予理會，甚至連註冊的手續也不去辦理。[58]

　　儘管這個脫胎於舊肌體的嬰兒不可避免地遺傳了舊式因素。比

---

57 第一，條款有了減少。「大清報律」共四十五條，其中正文四十二條，附則三條；而〈欽定報律〉共四十二條，其中正文三十八條，附則四條；第二，把第八條、第九條中的「報紙記載失實」，改為「報紙登載錯誤」，這兩條文字上也有變動。第三，內容做了增減。如〈大清報律〉的第十三條、第五條，即「凡論旨章奏、未經閣抄、官報公佈者，報紙不得揭載」，「發行人或編輯人，不得受人賄囑，顛倒是非。發行人或編輯人，亦不得挾嫌誣衊，損人名譽」等刪去，而〈欽定報律〉增加了「在外國發行之報紙，有登載第十條所列各款者，不得在中國發賣或散發」等。第四，〈大清報律〉的第十一條、第十二條被認為與現行刑律有矛盾，作了改動。第五，許多違規條目的處罰力度作了變動。第六，〈欽定報律〉對違規處罰程序作了規定：「由審判衙門按照法院編製法及其它法會審理。」

58 陳柳裕：〈形同虛設的晚清報律〉，《浙江人大》2003年第11期。

如，面對蓬勃發展的近代報業，面對民眾言論自由的呼聲，一些官員仍因循民刑不分的舊有傳統，用刑事手段制裁報人，抵制近代報刊，並在實踐中製造了起起新聞慘案。但是，晚清報律無論在體系還是具體內容上都體現了相當大的進步性，是我國新聞法制的第一次全方位突破，在幾千年一貫的「偶語棄市」、「誹謗者族」的專制背景下以法律的形式給新聞一片天空，「促進而不是阻礙了報業的發展」，「開拓了我國新聞法律近代化的先河」。[59]

從戊戌維新一直持續到一九一二年，華文報刊由百餘種增至五百種，連同陸續停刊者，共有七百至八百種之多，總髮行量僅據一九一三年郵政系統運送的報紙印刷品計，就達五千一百五十二萬四千八百份，成為中國報業史上的重要時期。[60]無論是報刊種類還是發行數量，都可以視作對晚清報律進步性的證明。

如果再對報律頒佈前後做個具體的比較更能說明問題——二十世紀初每年都出現不少新辦報刊，據不完整的統計如下：一九〇一年為三十四種，一九〇二年為四十六種，一九〇三年為五十三種，一九〇四年為七十一種，一九〇五年為八十五種，一九〇六年為一百一十三種，一九〇七年為一百一十種，一九〇八年為一百一十八種，一九〇九年為一百一十六種，一九一〇年為一百三十六種，一九一一年為兩百〇九種。辦報點也已遍佈全國，計有上海、北京、天津乃至伊犁、西藏等國內六十多個城市或地區。[61]從以上的資料不難發現，從一九〇六年以後，新辦報刊數量明顯增加，而一九〇六年恰好是〈大清印刷對象專律〉頒行之年，顯然這其中並不僅僅是巧合。

59 李斯頤：〈清末報律再探——兼評幾種觀點〉，《新聞與傳播研究》1995年第1期。

60 桑兵：〈清末民初傳播業的民間化與社會變遷〉，《近代史研究》1991年第6期。

61 史和等：《中國近代報刊名錄》（福州市：福建人民出版社，1991年）；楊師群：《中國新聞傳播史》（北京市：北京大學出版社，2007年），頁44。

第三節　媒介技術發展催生著作權章程

　　古代中國不存在著作權法律部門，沒有形式意義上的著作權法，但存在實質意義上的著作權法律文化，並且這種法文化在後代得以繼承。中國現代社會的著作權法，無論在理論上，還是在立法及執法實踐上都有大的發展，但其制度、原則、理念的根基均來源於近代資本主義著作權法理的移植。[62]事實上連「著作權」與「版權」這兩個詞都並非發育自中國固有法律文化之中，而是來自日文——而日文這一術語又源出歐洲。

　　「著作權」與「版權」作為專門術語在法學範疇內交叉使用，時而作為同義語替換，時而又存在些許差異。「習慣於使用『著作權』的人，或者習慣於使用『版權』的人，又或多或少帶有各自的偏重」。[63]一九一〇年頒佈的〈大清著作權章程〉，採用了「著作權」的稱謂。新中國成立後頒佈的法律檔中，時而採用「版權」一詞，時而採用「著作權」一詞。

　　不過在中國，除在專門立法中使用著作權即版權的表述之外，圖書出版行業中著作權與版權二稱謂還是存在一些差異的。所以本書在關鍵字的使用上遵從立法用語慣例，儘量使用「著作權」而非「版權」，但在涉及史料時從尊重史料原貌的角度出發，又在一定程度上保留了「版權」的稱謂。

62　王蘭萍：《近代中國著作權法的成長（1903-1910）》（北京市：北京大學出版社，2006年），頁5。

63　李明德、許超：《著作權法》（北京市：法律出版社，2003年），頁18。

一　晚清前為何沒出現著作權律

　　既然著作權律的產生和印刷技術的發展息息相關，那為何中國早於西方四百年發明了活字印刷術，但為何中國第一部著作權律——大清《著作權章程》卻比世界上第一部著作權律（一七一〇年的《安娜法》）晚出現了兩百年呢？也就是說，中國古代社會為何長期沒有出現著作權律？比較分析後不難發現主要有以下幾個原因：

　　一是思想土壤。中國長期處於中央集權的封建王朝統治之下，統治者實行文化鉗制，國民無言論自由，沒有著作權制度產生的思想土壤。長期實行義務本位主義，強調個人對國家的義務，導致沒有個人權利觀念尤其是個人財產權利觀念的興起。著作權屬私法範疇，在強調公權力的封建國家不可能出現著作權制度產生的思想基礎。我國在清朝政府之前，一直是封建帝王統治，根本談不上資產階級的人權思想，遑論對作品的權利。

　　二是經濟因素。古代中國商品經濟不發達，著作權的產生還在於作品作為一種特殊商品，具有一定的市場。古代中國採用重農抑商政策，國民很少會將作品視為商品進行物質交換。中國古代書籍的成本居高不下，只能在非常有限的特權階層中流通傳播。這無疑也剝奪了廣大人民的話語權力，使他們不僅在思想言論上只能聽命於統治者，而且也剝奪了他們獲取信息的權力。正如戈公振先生所指出的：「我國報紙，自明以前多係手寫，只供少數藩閥縉紳之閱覽。後雖改為手印，然為數甚少，極難普遍。」[64]

　　三是技術因素。著作權產生的第三個條件是印刷術興起後複製本的大量出現。中國活字印刷術雖然出現很早，但未得到廣泛應用。

64　戈公振：《中國報學史》（北京市：讀書・生活・新知三聯書店，1955年），頁357。

　　四是法律秩序。著作權的產生源於複製技術的革命，但它從根本上反映的是一種法律秩序，中國古代高度集權的官僚政治制度壟斷了絕對的資源和權力，政治權力中心對商人和士紳產生了很大的向心力，昂格爾（R. M. Unger）所謂的獨立的「第三等級」[65]根本無法出現，無法對國家權力進行有效的制度性規約。

　　當然，也有學者認為，中國自古就有智慧財產權制度[66]，而且其證據主要集中於著作權領域，比如宋祝穆編寫的《方輿勝覽》自序後的「兩浙轉運司錄白」就提及「一生燈窗辛勤所就，非其它剽竊編類者比」，而「近日書市有一等嗜利之徒，不能自出己見編輯，專一翻版」，故由「兩浙轉運使司、浙東提舉司給榜禁戢翻刊」，如遇有人翻版營利，則祝氏有權「陳告、追人、毀版、斷治施行，庶杜翻刊之患」。

　　但正如南振興指出的，實際上這是一種誤解。《方輿勝覽》史料所載至多是中國宋代官府對版權的個案保護，而且這種保護重在保護實物產品的圖書翻印權，此與激勵作者創新作品的著作權制度相去甚遠。若依此斷定中國自古就有智慧財產權制度顯然依據不足。智慧財產權制度首先是一種把知識產品視為私有財產，從而給予知識創新人一種私有壟斷產權以激勵知識產品創新的制度。而在二十世紀前，中國知識產品從來都是公有的，任何人均可以合法地使用他人創造的知識產品，所以可以肯定地說，所謂的中國前現代時期的智慧財產權制度完全子無虛有。[67]

---

65 R.M. 昂格爾撰，吳玉章、周漢華譯：《現代社會中的法律》（北京市：中國政法大學出版社，1994年），頁63。

66 張東剛、馮素傑：〈近代中國智慧財產權制度的安排和變遷〉《中國人民大學學報》2004年第3期。

67 南振興：〈中國歷史技術演變與知識產品制度變遷的績效〉《河北經貿大學學報》2007年第1期。

美國著名學者安守廉（William P. Alford）也對此作了深刻的分析，「十七和十八世紀，歐洲出現了趨近於智慧財產權的發展，而與之相對應的東西並未在中華帝國出現。簡單地說，在英格蘭和歐洲大陸，發展出這樣一種觀念，即作者、發明者和其它創新者對其創造物擁有受到法律保護而可與國家對抗的財產利益。越來越多的人開始相信，社會將因為鼓勵這類人從事於這類工作和傳播他們的成就而獲得益處。這種情形與中國恰成對照，後者仍舊主要是根據如何才能最大限度地維護國家權威的考慮來管理這一領域」。[68]

二 媒介技術發展對著作權律的催生

1 作為複製術的印刷術

印刷術的本質在於儲存並大量複製信息。這正如麥克盧漢在《傳播工具新論》中所言：「重複性是機械原則的核心，它從印刷技藝發明之後，就一直主宰著我們的世界。印刷與排字的信息，主要就是指『重複性』。」與書寫媒介相比，印刷媒介的誕生，實現了人類對傳播符號的長久保存與大量複製的欲望，進一步克服了語言媒介承載、傳遞信息的時空局限性，大規模、遠距離的信息傳播出現了，第一次在大範圍內滿足了人們對信息的渴望。

印刷術發明之後的一個世紀裏，印刷商憑藉印刷圖書產品的技術設施控制了整個圖書業。那時候，他們通過在業內限制印刷作坊的數量維持著其優勢地位。然而，漸漸地，他們的這種優勢地位消失殆

---

68 這段話引自於安守廉著的而由梁治平翻譯的〈智慧財產權還是思想控制：對中國古代法的文化透視〉。該文載於劉春田主編的《中國智慧財產權評論》（北京市：商務印書館，2002年），卷1，頁52，該書的原文名為*To Steal A Book Elegant Offense: Intellectual Property Law in Chinese Civilization.*

盡。取而代之的是擁有複製本的賣書商逐漸控制了圖書業，他們控制著對圖書出版的權利。有出版事業才有出版法，出版法是隨著出版事業的產生而產生的。近代出版法之所以產生，除了出版事業的繁榮之外，主要是為了維護國家和社會的安全，保障個人的權益。

晚清時，西方機械印刷術傳入中國並流傳開來，逐漸代替了中國傳統的雕版印刷，從而為近代出版業的形成與發展奠定了技術基礎。在中西文化交流、碰撞的過程中，中國社會對西學知識的需求量不斷增加，譯印西書的機構也隨之增多。洋務運動時期，清政府設立了京師同文館、江南製造總局等翻譯出版機構。資產階級興起後，為了宣傳維新變法，亦創立了大同譯書局、廣智書局等出版機構。[69]而媒介技術的迅猛發展不但使得書籍出版數量大為增加，並且可以將作品當作商品通過複製、銷售等手段來獲取經濟利益，各種複製本動搖了圖書業內部原有的利益、結構均衡，對權力進行了重新分配。

2　從禁止刻印到禁止盜印

梳理中國著作權律譜系的意義是不彰自明的。印刷術導致的印刷品的流行動搖了皇室意識形態的穩固地位，隨之，國家開始了對某些書籍的流通的控制。這時候，國家控制的是書籍的發行，而不是盜印。[70]正如在電影《華氏四五一度》[71]中，蒙臺格的上司畢特隊長在向

69　張小莉：〈《大清著作權律》述論〉，《學術研究》2005年第9期。

70　李雨峰：《槍口下的法律：中國版權史研究》（北京市：智慧財產權出版社，2006年），頁56。

71　這是一九六七年弗朗索瓦‧特魯福特以雷‧布拉德伯里（Ray Bradbury）的經典科幻小說《華氏451度》（Fahrenheit 451）為背景而改編的電影。影片中描述的是不太遙遠的未來，人們必須用記憶的方法來讀書，因為擁有書籍是犯罪行為。人們只能在腦子裏看書，因為把書拿在手中就是犯罪，一旦被發現，就會被監禁，書也將會被焚燒──華氏四百五十一度是書被焚燒時的溫度。書中主人公蓋‧蒙塔格是一個救火隊員，也一直充當官方焚書人的角色。

他的那些困惑的下屬解釋為什麼所有的書都要被燒掉的時候說：「書曾經在這裏、那裏和每一個地方吸引過不少人，它們可以是多種多樣的。世界是寬闊無比的；但是，後來世界上充滿了眼、肘和嘴。」

早在唐文宗太和九年（830年），四川官員馮宿曾上呈「請禁印時憲書疏」的奏文，要求禁止民間刻印日曆。五代後唐長興二年（932年），經宰相馮道、李愚等建議，朝廷命田敏在國子監主持校正《九經》，其後「天下書籍遂廣」。校正的目的是防止作品中的遺漏和錯誤。

葉德輝的《書林清話》中曾記載，「書籍翻版，宋以來即有禁例」。[72]從《宋史》、《宋會要輯稿》等文獻可知，宋朝幾乎每個皇帝都頒發過「禁止擅鐫」的詔令，各級政府還設立了專門的審查查禁機構。宋代羅璧《詭造》記載，在北宋神宗繼位之前，為保護《九經》藍本，朝廷曾下令禁止隨便刻印這部書（「禁擅鐫」），如果想要刻印，必須報請國子監批准。這實質上是賦予了國子監對《九監》專有出版權。南宋先宗紹熙年間，四川眉山王稱所寫的《東都事略》一書上有牌記：「眉山程舍人刊行，已申上司，不許覆板。」而眉山程舍人宅是當時著名的刻書家之一，這是我國迄今發現的版權實例的記載，它維護的是刻印者的利益，尚未反映對作者權益的保護。

如果我們把宋代對個別刻書家、編輯家的保護算作中國版權保護的源頭的話，那時的保護，顯然局限在當時僅有的幾種活字、活版印刷術所涉及的圖書方面。這種格局在此後七百餘年時間裏沒有變化。

宋代之後，歷代政府對民間刻坊的管制與民間刻坊的迅速發展及在此基礎上展開的圖書貿易也即形成了一個官方表達與具體實踐的邏輯。毋寧說，宋代之後的歷代政府儘管在法條中明令對刻坊的擅自發

---

72 葉德輝：〈翻板有例禁始於宋人〉，《書林清話》（北京市：古籍出版社，1957年），頁36。

展，而實踐中，它卻支持著這些刻坊的發展與要求，否則我們將無法解釋在朝廷的重壓下民間刻坊及其對盜印行為的主張能夠得逞。同時更值得注意的是這樣一個史實：明代對出版業全然沒有採取出版前的審查制度，而其間載有「翻刻必究」的圖書卻不乏其數。這些載有「翻刻必究」的圖書在市場的流行顯然不能簡單地解釋為控制思想的結果。[73]

元代更是開始了書籍雕印前的審查制度。與此相比，明代對出版業的管理採取開放的政策，整個明朝，無論是國史、官史、諫諍之辭，還是市井文字、小說豔曲，都可以由坊肆公然刊行，而清代則大興文字獄，對雕刻與書籍的流動嚴加管制。[74]就內容言，禁止雕印的書籍多為：其一、與經書內容相牴牾的文字；其二、國家頒佈的法律、敕令；其三、儒道釋之外的經文、天文、圖讖、邪說及荒誕不經的文字；其四、為士子求官而編撰的印刷品；其五，偽造官物和文字。[75]另外，為了禁絕他人翻印，保護自身利益，書賈翻刻書籍或私人進行家刻之前，便將待印書版呈送地方官府審查，形成一些簡單的保護版權的地方法令。但總體來看，古代書籍出版多控制於官方，文化交流與傳播並不廣泛，關於版權保護的問題不很突出。[76].

當然，下層的民眾與上層的權貴受感於同樣的不同，盜版對他們形成的衝擊也就不盡相同。在這裏產生了多樣性與統一性的並存，統一的是他們共同對盜印行為的控制預期，不同的是他們對盜印本身的看法。

---

73 李雨峰：《槍口下的法律：中國版權史研究》（北京市：智慧財產權出版社，2006年），頁57。

74 李雨峰：《槍口下的法律：中國版權史研究》（北京市：智慧財產權出版社，2006年），頁54。

75 趙勝：〈宋代的印刷禁令〉，《河北師範大學學報》1982年第4期。

76 張小莉：〈《大清著作權律》述論〉，《學術研究》2005年第9期。

　　可能正是借用了國家對這些不能容忍的書籍的流行的控制，一些作者或者刻坊巧妙地抑或是偶然地獲得了國家對自己書籍的授權，以禁止他人盜印。這樣，「翻刻必究」便構了我國文藝出版界的星星之火。可以肯定的是，國家禁止某些書籍流通的目的在於思想控制，而國家禁止盜印就不能必然地得出這個結論。畢竟，不屬盜印的正版發行同樣會對國家的意識形態構成威脅。當然，從對圖書流通的控制到對盜印的制止並不一定是歷時性的，更多的它發生在共時性的層面上。[77]

　　有時候，一種社會制度在改變了其功能後，其性質未必就會因此而改變。[78]即使封建王朝制止盜印的目的真的是為了控制思想，它也不能壟斷對文字作品保護的性質。因為目的是政策制定者願望的反映，而效果反映的是所有參與人的不同看法。

　　道光元年刻本李汝珍《鏡花緣》書前有：「道光元年新鑴，翻刻必究」。自紙張與印刷術出現並加以應用之後，從禁止某類書籍的私刻刊行到對某些書籍授權禁止他人翻刻，這樣的變化雖不那麼引人注目但卻意義重大。

　　總的來說，我國古代書刻專有權的特點在於：第一，書業特權除少數例子來源於國家圖書館國子監之外，其餘來源於地方長官，其原因或許正如芮瑪麗（Mary Clalaugh Wright）所言，要維護帝制中國的統一，中央集權與地方分權同樣重要；第二，絕大多數乃是由刻坊向政府申請方可獲得特權；第三，出版社與作者並駕齊驅，作者的權利更為明顯；第四，在外夷干涉之前，中國的版權問題始終是地方性制

---

77 李雨峰：《槍口下的法律：中國版權史研究》（北京市：智慧財產權出版社，2006年），頁56。

78 E. 迪爾凱姆撰，狄玉明譯：《社會學方法的準則》（北京市：商務印書館，1995年），頁108。

度的一部分，國家並無統一的敕令、命令予以規範。[79]

3 《著作權章程》的出臺

沒有強有力的政府規制，社會就會無力界定和實現其共同利益。時至晚清，出版技術的進步，圖書需求的激增，使得盜版問題十分突出，但當時並無相關的法律法規對之加以規範，因此由隨意翻印書籍而造成的版權糾紛時有發生，出版者對於版權保護的要求愈加強烈。

廣學會是西方傳教士最早在中國創辦報刊的出版企業，被認為是在中國「實為行版權之嚆矢」。其保護版權的意識亦較強，由於其不同的文化背景及較客觀的分析，所出書籍在國內較受歡迎，其編輯出版的《中東戰紀本末》、《文學興國策》等，由於書中「尤多外間未見之秘要，佐以新論，輔以西報，實皆煞費苦心」，受到讀者歡迎，「不徒海內風行，且更流傳域外」，該書曾登告白「不得翻印」，但仍有書商盜印售賣。林樂知在其《中東戰紀本末》刊行後，即呈請美國駐華總領事致函蘇松太兵備道，要求保護其書籍版權。蘇松太兵備道於一八九七年發佈〈嚴禁翻刻新著書籍告示〉，再次鄭重宣告：「切勿再將前書翻印出售，致干究罰。」

一八九九年，上海的東文學社亦稟請蘇松太兵備道保障其利益。五月，該道張貼告示，宣佈給予東文學社翻譯印行的《支那通史》以及已譯未印、未譯成之書共數十種書目版權保護，不得私行翻印。南洋公學譯書院是早期較有名的編輯出版教科書的機構，為了保護其版權，亦請求江南分巡蘇松太兵備道給予保護，其在呈請書中說：「誠恐書賈射利故智復萌，妄行翻印，貽誤非淺。為此，稟請批准立案，

---

79 李雨峰：《槍口下的法律：中國版權史研究》（北京市：智慧財產權出版社，2006年），頁56。

出示嚴禁。凡譯書院譯印官書，均不許他人翻刻，以符奏案，而保版權。……仰書賈人等一體知悉，毋得將該書院立案各種書籍翻刻漁利，致干查究。」[80]

到了十九世紀末二十世紀初，出版界的盜版問題已相當嚴重，梁啟超在上海創辦的廣智書局由於盜版問題，幾至發生經營困難，梁啟超稱：「書局所印好書銷行稍廣者，無不為他局所翻印，貶價奪市，雖屢稟官究治，皆置之不理。故本局每出一書，未能賺回本錢，已為他人所翻，本局若不貶價，則一本不能售出，而成本既重，貶價則必至虧本而後已。」[81]對盜版現象，清政府官員不是不管。但這種管理，大多出於某地方官的一時興起，有興趣的地方官管，沒有興趣的地方官不管；而且即使管，也因無法可依無規可循，難以管理之下很多時候只能不了了之。

伴隨著西學東漸，西方版權觀念也滲透進來。一八九一年，周儀君翻譯出版了《版權考》，詳盡闡述了世界版權的起源和現狀，在文化界頗有影響，在一定程度上對版權觀念的傳播與普及起了推動作用。[82]我國最早使用「版權」一詞的法律性檔是一九〇三年〈中美通商行船續訂條約〉的版權條款，該條款授予美國有關著作人有限版權。這也可以從側面看出中國近代意義上的著作權制度是西風東漸之結果。

清廷在「新政」之後擴大了向西方學習的範圍，文化事業開始發展，官方出版機構從以刊刻儒家書籍為主的傳統官書局向以翻譯東西方書籍為主的官方譯書局轉化，譯印的西方書籍數量與品質也與日俱

---

80 〈滿清政府保護版權布告舉例〉，張靜盧輯注：《中國近代出版史料初編》（北京市：中華書局，1957年），書影目次部分，頁29-30。

81 魯湘元：《稿酬怎樣攪動文壇》（北京市：紅旗出版社，1998年），頁140。

82 張小莉：〈《大清著作權律》述論〉，《學術研究》2005年第9期。

增。民間出版機構迅速發展，取代了教會和官方出版機構而佔據主導地位。不過，這一舉措的負面效應也是顯而易見：越是暢銷的書籍越容易遭到翻印。於是引發的版權糾紛自然不可避免，而且有愈演愈烈之勢。

版權糾紛的增多為著作權立法提供了現實需要。因為沒有相關法律制裁猖獗的盜版者，出版商和作者的利益得不到保護，他們惟有依靠官府發佈公告來保護自己的利益。但這種辦法的弊端不言而喻：一是保護地域範圍狹小；二是保護對象特定，不具有普適性；三是保護時效短，對盜版者威懾不夠。因此出版商和作者的利益仍然得不到根本保護。

與此同時，清政府內部要求立法的呼聲也日益高漲。一些大臣紛紛提出自己的意見和看法。憲政大臣載澤等主張立即制定著作權法，理由是「與其漫無限制，益生屬階，如何載以章程，咸納軌物」。[83]修訂法律大臣沈家本亦曾多次提出「參考古今，博輯中外」，「取人之長補吾之短」[84]，要求加快著作權法在內的所有法律的修訂。

為順應這種潮流，規範繁雜的出版市場，清政府開始改變過去那種以行政干預手段為主的出版管理政策。一九〇六年清廷宣佈「預備立憲」後逐漸認識到，對於傳媒領域的管理，「與其漫無限制，益生屬階，何如勒以章程，咸納規物」。[85]〈大清報律〉第一次就版權的保護作了規定，比如第三十八條「凡論說、紀事，確係該報創有者，得注明不許轉載字樣，他報即不得互相抄襲」，第三十九條「凡報中附刊之作，他日足以成書者，得享版權之保護」。

---

83 故宮博物院明清檔案部：《清末籌備立憲檔案史料》（北京市：中華書局，1979年），上冊，頁112。

84 沈家本：《寄簃文存》（北京市：中國書店，1990年），卷6，頁136。

85 中國史學會：《辛亥革命》（上海市：上海人民出版社，1957年），冊4，頁26。

　　一九一○年（宣統二年），清政府頒佈了中國第一部著作權法——《著作權章程》，共五章五十五條。《著作權章程》明確了著作權的概念，「凡稱著作物而專有重制之利益者，曰著作權」。至於著作版權的範圍則包括文藝、圖畫、帖本、照片、雕刻、模型等。凡著作物歸民政部註冊給照，受法律保護。《著作權章程》還規定著作權歸著作者終身有之，身故後，其承繼人可繼續至三十年。凡經呈報註冊給照之著作，他人不得翻印、仿製、假冒以侵損其著作權，違者準有著作權者，向該管衙門呈訴，由審判機關責令處以罰金，賠償損失。而且將版權範圍，由圖書擴大至通過攝影技術複製的照片，以及文藝、圖畫、帖本、雕刻、模型。

　　《著作權章程》的頒佈是一個歷史性事件，它標誌著中國政府對書籍報刊的管理，除控制非法書籍出版印行而外，又增加了保護合法出版印行的功能，確立了現代版權制度。然而，由於政權更迭、政局混亂，令不能行禁不能施，加之印刷出版業的飛速發展與文學創作的難產、少產之間存在無法彌合的脫節，到民國初年，模仿、抄襲等惡性侵權現象氾濫成災。[86]

　　《著作權章程》經歷了民政部草擬、憲政編查館覆核、資政院決議、最後由皇帝下旨頒佈的四道程序才呈現在國民大眾面前。雖程序較多，但從制定到頒佈不過三個月時間，可見當時社會盼望該法出臺的急切心情。

　　辛亥革命後，清王朝的國家機器連同其管理文化領域的絕大部分法令法規也隨之被埋葬，但是《著作權章程》卻成為例外。中華民國臨時政府內務部發佈通告說：「本部查前清《著作權章程》，尚無與民國國體牴觸之條。自應暫行援照辦理。」[87]因此，《著作權章程》的立

---

86 程麗蓉：〈大眾傳播與制度控制〉，《重慶師範大學學報》（哲社版）2006年第4期。
87 劉哲民：《近現代出版新聞法規彙編》（上海市：學林出版社，1992年），頁50。

法理念、法律術語與框架結構被一九一五年北洋政府的版權法和一九二八年國民政府的版權法所沿用。

　　《著作權章程》是中國傳統舊律中所沒有的法律，雖然未及施行，但它已經擺脫了封建專制制度下的特許專權，向權利主義過渡，不僅實現了中國著作權立法零的突破，還為中國建立了相對完整的近代著作權制度。尤其值得一提的是，一個即將覆亡的政府，在苟延殘喘之際還不忘出臺一部規範出版行業的法律，可見在此之前複製、盜版以及稿酬觀念等已深入人心，相關的法規已到了非制定不可的地步。

本章小結

　　在印刷術發明之前，特別是在造紙術尚未問世之前，缺乏輕便便宜的書寫材料，信息傳播受到很大的限制，主要的傳播方式是口頭傳播和少量的手寫（包括刻、鑄等）傳播。因而此時對信息傳播的法律控制主要是「言禁」，偶有「書禁」。唐宋以後印刷業獲得發展，「言禁」、「書禁」、「報禁」等封建法律中先後出現。但由於思想土壤、經濟因素、技術因素和法律傳統秩序幾個方面的限制，我國古代長期未能出現專門的新聞傳播法規。直至晚清新政修律時，中國歷史上真正的新聞傳播法規方才出現。簡言之，中國古代社會長時期傳媒制度的滯後性與媒介技術發展的前導性兩相牴牾。

　　十九世紀末期，鉛活字印刷已在中國得到普遍使用，而石印技術在中國更已生根開花，這些新式印刷技術的採用使得報刊生產成本大為降低。成本的降低自然帶來了受眾數量的增長，無形中又拓寬了報刊的發展空間，刺激了人們辦報創刊的熱情。而報刊的急劇增長給清政府的統治也提出了新的挑戰。同時，媒介技術的迅猛發展使得書籍出版數量大為增加，並且可以將書籍當作商品大量複製後獲取經濟利

益，各種複製本動搖了印刷出版業內部原有的利益格局，對權力進行了重新分配，並迫使統治者加以回應，最終導致官方傳媒管理制度的連鎖變遷。

儘管從道光到光宣年間，「束手待斃」一直都不是晚清政府的國策，但晚清統治者的趨新總顯被動，他們還千方百計為舊制度和舊特權留出空間。不過，時代的滔滔巨浪已經不容他們瞻前顧後和原地踏步，要麼順應潮流改革求生，要麼固步自封不變待斃。隨著封建專制制度與近代書籍報刊發展之間矛盾的不斷緊張，廢除束縛近代傳媒發展的舊法規，建立適應印刷出版新格局的傳媒新法規已成為時代的共識。

但對於晚清統治者來說，傳媒法規的變革並非要以新體制替換現存體制，只是在現存體制的基本框架內進行有限的創新。這樣一來必然使得晚清傳媒制度的變遷呈現出相當的複雜性：一方面清政府的立法初衷本想禁絕革命報刊、限止新式出版；另一方面由於時勢所迫、民心所驅，清政府又不得不作出一些新聞和出版自由的積極承諾。「進步和守舊的衝突、立法和執法的脫節，使得中國近代新聞事業展現出一種奇特的現象：一面是報業借著報律的大發展，一面是報界對報律的大抵制。中國新聞法制的現代化就在這種喧囂中邁開了它的第一步」。[88] 晚清的報律和著作權律就在這場相互掣肘的博弈中艱難問世。

---

88 孫季萍、王軍波：〈清末報律：在創新和守舊的夾縫中〉，《政法論叢》2001年第5期。

中華文化思想叢書 A0100024

晚清媒介技術發展與傳媒制度變遷　上冊

作　　者	陳鋼
責任編輯	蔡雅如
發 行 人	陳滿銘
總 經 理	梁錦興
總 編 輯	陳滿銘
副總編輯	張晏瑞
編 輯 所	萬卷樓圖書股份有限公司
排　　版	林曉敏
印　　刷	百通科技股份有限公司
封面設計	斐類設計工作室
出　　版	昌明文化有限公司

桃園市龜山區中原街 32 號

電話 (02)23216565

發　　行　萬卷樓圖書股份有限公司

臺北市羅斯福路二段 41 號 6 樓之 3

電話 (02)23216565

傳真 (02)23218698

電郵 SERVICE@WANJUAN.COM.TW

大陸經銷

廈門外圖臺灣書店有限公司

電郵 JKB188@188.COM

ISBN 978-986-92898-4-9

2016 年 4 月初版

定價：新臺幣 280 元

如何購買本書：

1. 劃撥購書，請透過以下郵政劃撥帳號：

   帳號：15624015

   戶名：萬卷樓圖書股份有限公司

2. 轉帳購書，請透過以下帳戶

   合作金庫銀行 古亭分行

   戶名：萬卷樓圖書股份有限公司

   帳號：0877717092596

3. 網路購書，請透過萬卷樓網站

   網址 WWW.WANJUAN.COM.TW

大量購書，請直接聯繫我們，將有專人為您

服務。客服：(02)23216565 分機 10

如有缺頁、破損或裝訂錯誤，請寄回更換

國家圖書館出版品預行編目資料

晚清媒介技術發展與傳媒制度變遷 / 陳鋼著.
-- 初版.-- 桃園市：昌明文化出版；臺北
市：萬卷樓發行, 2016.04

　　冊；　公分.--(中華文化思想叢書)

ISBN 978-986-92898-4-9(上冊 ：平裝).

1.大眾傳播 2.媒體管理 3.清代

541.83　　　　　　　　　105003043

本著作物經廈門墨客知識產權代理有限公司代理，由上海交通大學出版社有限公司授
權萬卷樓圖書股份有限公司出版、發行中文繁體字版版權。